Brüns | Game of Thrones. 100 Seiten

AF177882

# ✷ Reclam 100 Seiten ✷

ELKE BRÜNS ist habilitierte Literaturwissenschaftlerin. Sie schreibt Essays und Rezensionen, arbeitet als Dozentin, Moderatorin und Künstlerische Leiterin literarischer Themenwochen. Ihre zweite große Liebe sind Filme und Serien – in *Games of Thrones* hat sie sich schockverliebt.

Elke Brüns

# Game of Thrones. 100 Seiten

RECLAM

3. Auflage

2019, 2024 Philipp Reclam jun. Verlag GmbH,
Siemensstraße 32, 71254 Ditzingen
Umschlaggestaltung: Philipp Reclam jun. Verlag GmbH
nach einem Konzept von zero-media.net
Infografiken (S. 6 f., 62 f.): annodare GmbH, Agentur für Marketing
Bildnachweis: vor S. 1, S. 48 f.: © picture-alliance / AP Photo;
Autorinnenfoto: © Werner Walczak
Umschlagmaterial: Creative Print, Schabert
Druck und Bindung: Esser printSolutions GmbH,
Untere Sonnenstraße 5, 84030 Ergolding
Printed in Germany 2024
RECLAM ist eine eingetragene Marke
der Philipp Reclam jun. GmbH & Co. KG, Stuttgart
ISBN 978-3-15-020556-3

Auch als E-Book erhältlich

www.reclam.de

Für mehr Informationen zur 100-Seiten-Reihe:
www.reclam.de/100Seiten

# Inhalt

George R. R. Martin bei der Premiere der dritten Staffel am 18. März 2013 in Los Angeles

## Cold Open

Ein eisernes Gitter gleitet nach oben und gibt den Weg frei für drei Männer, die nun durch einen dunklen, vereisten Tunnel in eine verschneite, unwirtliche Gegend reiten, in ihrem Rücken die enorme Mauer, die sie gerade durchquert haben. Sie durchsuchen getrennt einen Wald, der jüngste der drei findet Körperteile und Köpfe in einer seltsamen, kultischen Anordnung. Er sieht ein Mädchen, leichenblass, an einen Baum genagelt.

Schnitt: »Was willst du, das sind Barbaren!«, so sein Vorgesetzter arrogant. Und: »Machen dir die Toten Angst?« Als die Männer zurückgehen, sind die Toten verschwunden. Der junge Mann wird weggeschickt, sie zu suchen. Der ältere findet etwas Blutiges im Schnee. Als sein Vorgesetzter fragt, was das sei, wird er von einem dunklen Wesen, das nicht richtig zu erkennen ist, von hinten geköpft.

Schnitt: Der junge Mann ist allein im Wald, er hört seltsame Geräusche, vielleicht sind es Stimmen, auf jeden Fall Schreie, dann galoppieren drei Pferde an ihm vorbei. Als er sich umdreht, sieht er jemanden im Wald stehen – es ist das tote Mädchen, das ihn nun aus eisblauen Augen anstarrt. Er läuft panisch davon, der ältere Mann kommt auf ihn gerannt, und als die beiden einander fast erreicht haben, erscheint das dunkle Wesen erneut, packt den älteren und köpft ihn. Dann wirft er dem jungen Mann, der wimmernd auf die Knie gefallen ist, den abgeschlagenen Kopf zu. Da liegt er, der Fehdehandschuh.

Kaum jemals hat der Begriff *cold open* – die Eröffnungssequenz eines Films noch vor dem Vorspann – so viel Sinn gemacht wie im Pilotfilm von *Game of Thrones*. Kälte und Eis sind förmlich zu spüren. Und nachdem sich das eiserne Gitter wie ein Vorhang vor den Augen der Zuschauer gehoben (und dabei kurz den Bildschirm geschwärzt und bilderlos gemacht) hat, tritt man hinaus in eine *wirklich* beängstigend fremde, andere Welt. Wenn man fröstelt, dann nicht nur, weil sie sehr, sehr kalt ist, sondern auch sehr, sehr finster.

Doch wer glaubt, er sei in einer typischen Fantasyserie mit Orks, Zombies oder anderen Finsterlingen gelandet, der irrt. Denn nachdem der Vorspann der Serie gelaufen ist, findet man sich in einer mittelalterlichen Welt wieder, aus der das Phantastische erst einmal für längere Zeit verschwunden oder besser: an den Rand gedrängt ist. Es geht viele Episoden lang um die politischen Ränke und Intrigen verschiedener Adelshäuser, die auf dem Kontinent Westeros um die Vormacht und den Königsthron kämpfen. Die Mittel des Kampfes sind: List, Tücke, Versprechen, Verrat, Drachenfeuer, Sex, Eheschließungen, Menschenopfer, Magie, Krieg, *just to name a few*. Auf Essos, dem zweiten Kontinent, macht sich derweil die letzte Überlebende der ehemaligen Königsdynastie mithilfe dreier Drachen daran, ebenfalls den umkämpften Eisernen Thron zurückzuerobern, nicht ohne vorher etliche Abenteuer mit einem Khalasar der Dothraki, einem Nomadenvolk, erlebt und drei Städte von der Sklaverei befreit zu haben.

Aber es gibt eben auch die Welt jenseits der magisch verstärkten Mauer: Hier leben nicht nur die Wildlinge – Menschen, die sich den Herrschaftsstrukturen von Westeros nicht unterwerfen –, sondern auch die vom Nachtkönig (Richard Brake / Vladimir Furdik) befehligten White Walker, die Weißen Wanderer, die eine Totenarmee anführen. Diese Untoten hatten die Menschheit schon einmal bedroht, nun rüsten sie wieder zum Angriff. Passenderweise wird jeder, der von ihnen getötet und berührt wird, zum Untoten und muss sich ihrer Armee anschließen. Die Serie setzt damit eine latente, apokalyptische Bedrohung in Szene: Während sich die Protagonisten in ihren Machtkämpfen ergehen, droht die Vernichtung der gesamten Menschheit.

## Back in the 90's

George R. R. Martin, der Autor der literarischen Serienvorlage *A Song of Ice and Fire* begann Fantasy zu schreiben, weil in diesem Genre alles größer sein könne als in der Realität. Doch selbst er dürfte überrascht sein, *wie groß* Fiktion werden kann. 1996 kam das erste Buch *A Game of Thrones* mit einigen Tausend Exemplaren auf den US-amerikanischen und mit gerade mal 1500 Exemplaren auf den englischen Markt. Danach wuchs die Leserschaft stetig an, bis sich das fünfte und bislang letzte Buch *A Dance with Dragons* in den USA 300 000-mal verkaufte – allein an dem Tag, als es rauskam. Weltweit setzte die Verlagsgruppe Random House mehr als 58 Millionen Exemplare des Romanzyklus um, Stand 2015. Die Zeiten, in denen Martin sich freute, wenn ein paar Dutzend Menschen zu seinen Lesungen kamen, sind lange vorbei, heute müssen Fans stundenlang Schlange stehen, wollen sie ein Buch signieren lassen. Und nicht mehr als ein Exemplar, sonst wird der Meister nie fertig! (»Fertigwerden« ist für die leiderprobten Fans, die sehnsüchtig auf die zwei letzten der geplanten sieben Bücher warten, ohnehin *das* Stichwort schlechthin!)

Mit einer Verfilmung seines Opus magnum hatte der als Drehbuchschreiber und Serienentwickler mit dem Filmbusiness vertraute Martin nie gerechnet und Anfragen auch abgelehnt – zu aufwendig, zu teuer. Doch David Benioff und D. B. Weiss überzeugten ihn als begeisterte Leser von *A Song of Ice and Fire* im Laufe eines fünfstündigen Essens, ihnen den Stoff anzuvertrauen. Die Zusage gab Martin allerdings erst, nachdem sie sein Rätsel, wer die Mutter des Helden Jon Schnee sei, gelöst hatten.

Dass Benioff und Weiss Texte zu dechiffrieren vermögen, ist wenig erstaunlich. Beide haben nicht nur *creative writing* und am Trinity College in Dublin Irische Literatur studiert (wo sie sich kennenlernten), sondern auch als Autoren und Drehbuchschreiber gearbeitet. Zwar konnte David Benioff, 1970 in New York geboren, erst mit seinem dritten Roman *The 25th Hour* reüssieren, dafür wurde dieser aber 2002 von Spike Lee verfilmt, der sich mit *Spiderman*-Darsteller Tobey Maguire die Rechte gesichert hatte. Benioff verfasste das Drehbuch, ebenso wie zu Blockbustern wie *Troja* oder *X-Men Origins: Wolverine*. Daniel Brett Weiss, 1971 in Chicago geboren, veröffentlichte nach seinem Studium 2003 den Roman *Lucky Wander Boy*, der von Videospielen handelte. Anschließend wirkte er an Filmprojekten im Themenkreis Science-Fiction und Fantasy mit.

Dass *A Song of Ice and Fire* kein Projekt für eine Kinofilmadaption war, wurde schnell deutlich; nur eine Serie würde die

Stoff- und Handlungsmassen einigermaßen umsetzen können. Benioff und Weiss gewannen den Kabelsender HBO für ihr Projekt, 2007 wurde mit der Entwicklung von *Game of Thrones* begonnen, am 17. April 2011 hatte die Serie in den USA Premiere, Deutschland folgte am 2. November 2011. Benioff und D. B. Weiss fungierten als Showrunner, die große Mehrzahl der Drehbücher schrieben sie gemeinsam. Verstärkung fanden sie in Bryan Cogman, dem »dritten Drachenkopf« (so Martin) im *writers room*, der von beider Assistenten zum Produzenten der fünften Staffel avancierte. Zu den ersten vier Staffeln hatte Martin noch je ein Drehbuch beigesteuert, danach wollte er sich auf das Schreiben seiner Bücher konzentrieren.

Mit *Game of Thrones* betraten Benioff und Weiss Neuland: Für beide war es die erste Fernsehproduktion. Und tatsächlich floppte der erste Pilot – in dem George R. R. Martin einen Cameo-Auftritt hatte – und musste überarbeitet werden. Unter der Regie von Timothy van Patten, der Tom McCarthy ersetzte, wurden über neunzig Prozent neu gedreht. Auch zwei Schauspielerinnen wurden ausgetauscht: Nicht mehr Jennifer Ehle, sondern Michelle Fairley spielt Lady Stark, und zu Daenerys Targaryen wurde nicht Tamzin Merchant, sondern Emilia Clarke, die erst zwei kleinere Rollen gespielt hatte. Für die als Arya Stark gecastete Maisie Williams war es die erste Rolle überhaupt. Skepsis beim Vorsprechen erzeugte Kit Harrington – weniger aufgrund des Veilchens, Resultat einer vorabendlichen Prügelei, sondern weil er für die Rolle des im Buch vierzehnjährigen Jon Schnee zu alt schien. Man entschied, auch aufgrund der Sex- und Heiratsszenen, einige sehr junge Figuren älter darzustellen. Nur zwei Besetzungen hatten in der von britischen und irischen Schauspielern dominierten

# Game of Thrones

## in Zahlen

**600 000** Deutsche standen
für die erste Folge von Staffel 8
um 3 Uhr morgens auf

**02.11.2011**
Erste Ausstrahlung in Deutschland

fast **50** Millionen neue HBO-
Abonnenten seit Seriendebüt 2011

**8** Staffeln und
**73** Episoden

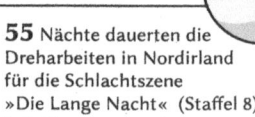

**55** Nächte dauerten die
Dreharbeiten in Nordirland
für die Schlachtszene
»Die Lange Nacht« (Staffel 8)
bei Minustemperaturen

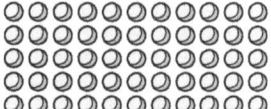

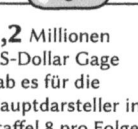

**1,2** Millionen
US-Dollar Gage
gab es für die
Hauptdarsteller in
Staffel 8 pro Folge

(laut *Bild-Zeitung*)

**10** Millionen
US-Dollar kostete
die Szene »Schlacht
der Bastarde«
(Staffel 6)

**50–60** Millionen
US-Dollar kostete
Staffel 1 (10 Folgen)

**47** Emmys bei 132 Nominierungen

**15 000** Liter Kunstblut wurden verbraucht

**20 907** Stück Kerzen wurden verbraucht

**52 000** Tüten Papierschnee wurden verbraucht

**7** Stunden Längste Dauer in der Maske (Kinder des Waldes und der »Berg«)

**200 000** getötete Charaktere (Schätzung *The Guardian*)

**90** Millionen US-Dollar kostete Staffel 8 (6 Folgen)

**224** Millionen US-Dollar nahm Nordirland durch Filmkosten und Tourismus ein

**6** Milliarden US-Dollar Gesamtumsatz HBO, davon *Game of Thrones* **1** Milliarde US-Dollar

(Schätzung)

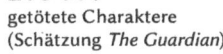

Serie für Weiss und Benioff vorab festgestanden: Peter Dinklage sollte den kleinwüchsigen »Gnom« Tyrion Lennister spielen; er nahm unter der Bedingung an, keinen Bart und keine spitzen Schuhe tragen zu müssen, um nicht dem Klischee des Filmzwergs zu entsprechen. Und mit Sean Bean – Boromir in *Der Herr der Ringe* – wurde für die Rolle des Ned Stark Prominenz aus dem Fantasygenre gewonnen.

Auch die Titelsequenz wurde unter Federführung von Creative Director Angus Wall geändert: Zur Musik von Ramin Djawadi bauen sich die Orte der Handlung wie Uhrwerke auf, dreht sich das von Sonnenstrahlen erhellte Astrolabium, das auf seinen Bändern Teile der Vorgeschichte zeigt. Die Sequenz erhielt noch im gleichen Jahr einen Emmy, ebenso wie Peter Dinklage als bester Nebendarsteller.

Dies waren die zarten Anfänge einer globalen Erfolgsgeschichte, die sich von Staffel zu Staffel steigerte. Die Serie wird in über 180 Ländern ausgestrahlt, 17,4 Millionen Zuschauer sahen – legal! – die erste Folge der achten Staffel in den USA, wohl Hunderte Millionen verfolgten die Serie weltweit, sie wurde vielfach ausgezeichnet und prämiert. *Game of Thrones* erfreut sich prominenter Zuschauer und Bewunderer – nicht zuletzt aus der politischen Sphäre, in der die Serie spielt: Die Queen besuchte den Eisernen Thron (setzte sich aber nicht drauf, da das Protokoll ihres Herrschaftshauses dies verbietet), und Barack Obama durfte, damals noch US-Präsident, als Einziger Staffel 6 vorab sehen, worauf eine Journalistin einen Antrag auf Herausgabe dieses Geheimwissens stellte – schließlich ging es um die Frage, ob Jon Schnee wirklich tot war! (2017 wurden auf anderem Wege Geheimnisse bekannt: HBO wurde gehackt und erpresst, Dokumente und TV-Folgen wurden gestohlen und teilweise geleakt.) 2016 memorierte Obama in einem Clip die Namen der bis dato gestorbenen Serienfiguren – schwieriger, als sich zum Wählen registrieren zu lassen! Nachfolger Donald Trump machte sich hingegen unbeliebt, als er im *Game of Thrones*-Schriftzug verkündete »The Wall Is Coming« und damit das zur Redewendung avancierte Hausmotto »Winter is coming« der Familie Stark, eines großen Adelshauses von Westeros, zitierte. HBO schrieb: »Wie sagt man Markenrechtsmissbrauch auf Dothraki?« Das hielt Trump nicht ab, im Januar 2019 das gegen den Iran gerichtete Plakat »Die Sanktionen kommen« zu produzieren. Sofort wiesen Nachrichtenbeiträge nach, dass Mr. President *Game of Thrones* nie gesehen noch begriffen haben konnte, denn »Winter is coming« ist zur Chiffre für eine globale Bedrohung avanciert. In diesem Sinne hatte *Die Welt* zuvor mit der Winterwarnung den Amtsantritt eben dieses Donald Trump betitelt.

## Ein eigenes Universum

George R. R. Martin hat nicht nur eine fiktive Welt erschaffen, sondern ein »Martiversum« (Susan Johnston / Jes Battis) initiiert, das weit über Bücher und Serie hinausreicht: Die Fankultur mit Portalen und Wikis, in der Informationen gesammelt und analysiert werden, verbindet sich mit der Erweiterung des Fiktiven, in der man nicht nur Rezipient ist, sondern in Computer- oder Pen-&-Paper-Spielen, in Fan-Fiction oder Fan-Art das Geschehen erweitert, T-Shirts mit den Wappen der Häuser trägt, Miniaturfiguren sammelt, valyrischen Schmuck kauft und seine Kinder Arya, Khaleesi oder Tyrion tauft. Für Liebhaber exotischer Sprachen stehen Lehrbücher der für die Serie kreierten Sprache der Dothraki bereit, ein Kochbuch präsentiert rustikale Rezepte, Landkarten erklären die Regionen dieser Anderswelt. Die Drehorte erfreuen sich regen touristischen Zulaufs und bieten spezielle *Game of Thrones*-Touren an; das als Serienhauptstadt Königsmund firmierende Dubrovnik kann sich des Besucherstroms auf den Spuren von Cersei & Co. kaum noch erwehren. Derweil kündigte HBO an, Drehorte in Nordirland als »Game of Thrones Legacy Attractions« zu etablieren.

George R. R. Martin hat nicht nur die Populärkultur bereichert, sondern ist selbst Bestandteil von ihr geworden. Er sei sich selbst schon auf Comic-Conventions und an Halloween begegnet, da es sein Outfit – Kastenbrille und Kappe auf dem Kopf, Weste oder Hosenträger überm Bauch – mittlerweile als Verkleidung zu kaufen gibt: »Manche sehen echter aus als ich.« Teil der Populärkultur zu werden, ist allerdings kein Alleinstellungsmerkmal von *Game auf Thrones*. Im Golden Age der Fernsehserien und des Quality TV gibt es etliche Serien, die kultisch verehrt und von ihren Fans geliebt werden: Es reicht, ältere oder neuere Titel wie *The Sopranons, Mad Men, Dr. Who, The Wire, The Walking Dead, House of Cards* oder *The Handmaid's Tale* in eine lahmende Partyrunde zu werfen, und der Abend ist gerettet. Serien sind längst nicht mehr nur etwas für Serienjunkies, Nerds oder sonstige seltsame Mitmenschen, sondern haben definitiv ihren Platz im Mainstream erobert. Wäre da nicht ein markanter Unterschied: *Game of Thrones* ist eine Fantasyserie, und da steigen normalerweise die meisten gleich aus bzw. gar nicht erst ein. Und doch hat es diese Serie geschafft, nicht nur ein globales Millionenpublikum an sich zu binden, sondern auch die hochkulturellen Zitadellen zur Mitarbeit anzuregen: Seriöse Zeitungen und Magazine rekapitulieren und bewerten die Episoden oder erstellen Hilfsmittel wie etwa die interaktive Graphik der *Süddeutschen Zeitung*, die hilft, den Überblick innerhalb des komplexen Beziehungsgefüges der Figuren nicht zu verlieren; Forschung und Wissenschaft – vor allem die amerikanische, zunehmend auch die deutschsprachige – legen quasi im Wochentakt neue Studien zum Romanzyklus und zur Serie vor, Professorinnen und Lehrer nutzen die Inhalte der Serie, um Studierenden und Schülern das Mittelalter näher zu bringen (so die von Mediävisten betriebene *Digital Citadel*).

Was macht diese Serie so erfolgreich,
was ist ihr Geheimnis, ihr Suchtfaktor?

*Game of Thrones* spielt in einem fiktiven europäischen Mittelalter. Für seine politische Geschichte des Kampfes um den Königsthron hat sich Martin als passionierter Leser historischer Stoffe von Ereignissen wie den englischen Rosenkriegen inspirieren lassen. Doch diese Anleihen sind eben genau das: Anleihen. Denn das Problem bei historischen Stoffen sei, so Martin, dass man wisse, wie sie ausgingen. Und das ist entschieden nicht das Ziel dieses Autors. *Expect the unexpected*, erwarte das Unerwartete – würde *Game of Thrones* ein Hausmotto brauchen, wäre es wohl dieser Satz, der mit der schockierenden Enthauptung des positiven und aufrechten Helden Ned Stark am Ende der ersten Staffel ihren ikonischen Moment gefunden hat.

Dem Motto »Expect the unexpected« blieb die Serie auch unfreiwillig treu, denn die letzte Staffel enttäuschte Fans und Kritiker schwer, ja den Machern schlug richtiggehend Zorn entgegen. Dazu mehr im Abspann dieses Buches. Und bei die-

Ein Witz über George R. R. Martin, berühmt *to kill his darlings*:

»Warum twittert dieser Autor nicht?«

»Weil er alle 140 *characters* umgebracht hat!« [*characters* bedeutet sowohl ›Zeichen‹ – Twitter erlaubt maximal 140 – als auch ›Figuren‹]

ser Gelegenheit eine Spoiler-Warnung – wer *Game of Thrones* nicht kennt: Bitte erst anschauen, dann lesen! Es ist unmöglich, über eine Serie zu schreiben, ohne etwas zu verraten.

*Game of Thrones* ruft die Bilderwelten des Mittelalters auf und kombiniert sie mit fremden, überraschenden Elementen. Manches, wie das Turnierwesen oder die Schwertkämpfe, ist vertraut, anderes scheint Martins Phantasie entsprungen zu sein – wie etwa die poetisch-dunkel klingenden Schattenwölfe, die das Banner des Hauses Stark zieren und von denen die Stark-Kinder anfangs Welpen finden. Tatsächlich haben sie einen realen, erdgeschichtlichen Hintergrund, denn die im Original *dire wolf* – lateinisch *canis dirus*, schrecklicher Hund – genannte Wolfsart lebte bis vor 10 000 Jahren in Nordamerika. »Gespielt« werden die Welpen von Tieren der Hunderasse Northern Inuit, die älteren Tiere dann von echten Wölfen, und die Aufnahmen wurden anschließend digital bearbeitet. Dies ist so aufwendig, dass die Schattenwölfe zum Leidwesen ihrer Fans nur selten gesichtet und manchmal selbst in Abschiedsszenen nicht von ihrem Gegenüber berührt werden: Das Streicheln eines computeranimierten Wesens durch Schauspieler ist (zu) teuer. Generell hat die Serie – allein schon die imposanten Drachen! – mithilfe eines enormen Budgets Maßstäbe in der digitalen Darstellung gesetzt. Ein Emmy-gekröntes Beispiel aus Staffel 4: Fünf Digital-Artists der deutschen Firma Mackevision arbeiteten drei Monate an der titanenbewachten Einfahrt der Stadt Braavos – Verweildauer auf dem Bildschirm: zehn Sekunden.

Die Serie verbindet Reales und Phantastisches, und auch historisch ist sie nicht homogen. Der Historiker Benjamin Breen weist darauf hin, dass sie neben mittelalterlichen auch Aspekte der Neuzeit inszeniert – folgt man der Periodisierung, die das Mittelalter um 1500 enden lässt. Zwar seien die Schlachtfeldtechnologien mittelalterlich, aber in seiner Kommunikationsstruktur und seiner kulturellen und wirtschaftlichen Entwicklung sei die Serienwelt dem Mittelalter voraus: Beispiele seien die weitreichenden Handelsbeziehungen über zwei Kontinente hinweg und die Gelehrtenkultur der Maester, die in der Zitadelle in Altsass ausgebildet werden und dann als Berater an den Höfen dienen – im europäischen Mittelalter fiel die Forschung in den Zuständigkeitsbereich der Kirche und konzentrierte sich zudem auf religiöse Lehren und Geschichte. Auch der Sklavenhandel, die professionellen Armeen und die gewaltigen Kriege verließen den mittelalterlichen Rahmen. Die Serie ist sicherlich nicht historisch genau, dafür aber *stimmig*: Die Serienmacher haben eine Welt erschaffen, die Bruchstücke der Real- und Kulturgeschichte aufnimmt, transformiert und synthetisiert, so wie sie die Drehorte digital überformt und alles um phantastische Elemente bereichert.

Doch *Game of Thrones* fungiert auch als Resonanzraum für die Gegenwart, wie die vielfältigen Debatten zeigen, die sich um Sex und Gewalt, Politik und Macht, Exotismus und Gender drehten. Vor allem die existenzielle globale Herausforderung unserer Tage scheint in der apokalyptischen Grundfigur der Serie gespiegelt: So wie die Westerosi in ihren Machtspielen aufgehen und die menschheitsbedrohende Existenz der Untoten bestreiten, sei auch unsere Welt von diesem Verhalten bestimmt. Auch George R. R. Martin bejahte, dass die Mahnung »Winter is coming« als Metapher für den allseits ignorierten und geleugneten Klimawandel gelesen werden könne.

In *Game of Thrones* gehen Aufklärung und Unvernunft eine ebenso seltsame Verbindung ein wie Fantasy und Wirklichkeit. Während ihrer gemeinsamen Reise zur Mauer, wo Serienheld Jon Schnee der dort dienenden Bruderschaft der Nachtwache beitreten will, raubt der andere Serienheld Tyrion Lennister der zukünftigen »Krähe« zwei Illusionen: Die altehrwürdige Nachtwache sei zu einer Institution verkommen, in der keiner mehr dienen wolle und die daher den Abschaum des Reiches rekrutiere. Zudem sei die Mauer nutzlos, denn Jon würde doch nicht den Unsinn über »Grumkins und Snarks« und andere böse Dinge glauben, die hinter dem Bollwerk lauern sollen – alles Ammenmärchen! Doch die Zuschauer wissen es besser, und bald sieht es auch Jon Schnee mit eigenen Augen: Die Weißen Wanderer gibt es tatsächlich. Im *cold open* wechseln wir, aufgeklärte Zeitgenossen des 21. Jahrhunderts, auf die Seite des Phantastischen über: Mögen die superschlauen Westerosi über die White Walker spotten, *wir* haben sie gesehen und wissen: Die Untoten sind da! Sieben Staffeln lang rufen wir »Winter is coming« – auf in den Kampf! Am Ende der achten Staffel fragen wir uns, in welchen Kampf sind wir da gezogen?

**George R. R. Martin** wurde am 20. September 1948 in Bayonne, New Jersey, geboren. Dem ersten R. – für seinen Vater Raymond – fügte er als Jugendlicher ein zweites, seinem Cousin Richard entliehenes, hinzu, um sich von anderen George R. Martins zu unterscheiden. Sein Vater war Hafenarbeiter, man lebte in bescheidenen Verhältnissen und besaß »nicht mal ein Auto«, so Martin. Als er vier Jahre alt war, zog die Familie in eine Sozialbauwohnung in den neugebauten Projects. Staten Island war in Sichtweite – für Martin ein weit entferntes »Märchenland«.

Martins Karriere begann früh. Als Kind schrieb er Monstergeschichten und verkaufte sie für ein paar Pennys an Nachbarskinder. Die räumliche Enge seiner Welt – vier Blocks zwischen Wohnung und Schule – kompensierte er durch begeistertes Lesen, denn in Büchern und Comics konnte er überallhin reisen. In seiner Vorstellung konnte auch alles eine Nummer größer sein: Kleine Plastikfiguren von Woolworth, »die Geschichten brauchten«, wurden ebenso zum Objekt seiner Phantasie wie eine Ritterburg, in die er die einzigen in der Wohnung gestatteten Haustiere einquartierte. »Genau wie *A Song of Ice and Fire*, außer dass alle Charaktere Schildkröten waren.« Martin blieb ein passionierter Sammler von Spielzeugfiguren, die er in großen Dioramen in seinem Haus ausstellt (zu sehen in *Durch die Nacht mit Sibel Kekilli und George R. R. Martin*), und Burgenfan: Auf seiner vierwöchigen Deutschlandreise im Jahr 2000 besuchte er mit Werner Fuchs, seinem Freund und Literaturagenten für Deutschland, etliche mittelalterliche Festungen.

In seiner High-School-Zeit (1962–66) begeisterte er sich für das Comic-Fandom, schrieb Superheldengeschichten für Fanzines und leitete das Schachteam der Schule (später organisierte er

Turniere für die Continental Chess Association). Das Studium an der Northwestern University in Evanston, Illinois, schloss er 1971 mit einem Master in Journalismus ab; zeitgleich erschien seine erste Kurzgeschichte im Magazin *Galaxy*. Martin etablierte sich als Schriftsteller und seine Werke wurden regelmäßig für den Hugo – den ersten gewann er 1974 – und den Nebula-Award, die wichtigsten Auszeichnungen für Science-Fiction und Fantasy, nominiert.

Da Martin den Vietnamkrieg ablehnte, leistete er Ersatzdienst in einer Rechtsberatung für die Armen von Cook County. 1975 heiratete er Gale Burnick und unterrichtete Journalismus am Clarke College in Dubuque, Iowa. Als er 1979 endlich vom Schreiben leben konnte, traf das Paar eine zukunftsweisende Entscheidung: Gale kaufte ein Haus in Santa Fe, New Mexiko, und er verkaufte das Haus in Dubuque. Leider lag die Ehe schon in den Trümmern; kaum die Verträge unterschrieben, ließen sich beide scheiden und Martin zog nach Santa Fe, in ein Haus, das er bis dahin nur von Fotos kannte.

In den frühen Achtzigerjahren schien zunächst alles auf einen Durchbruch zu deuten – die erstmals Horror und Science-Fiction verbindenden *Sandkings* und *Nightflyers* wurden mit Hugo- und Nebula-Awards ausgezeichnet – und Martins Verlag zahlte einen sechsstelligen Vorschuss auf sein Buch *The Armageddon Rag*, das als Bestseller einschlagen sollte: »Ich freute mich auf meine Karriere als berühmter Bestsellerautor. Das einzige Problem war, dass sich das Buch nicht bestens verkaufen ließ. Tatsächlich verkaufte es sich gar nicht. Plötzlich war meine Karriere als Romanautor vorbei.« Finanziell angeschlagen, wechselte er deshalb 1986 als Drehbuchschreiber (u. a. *The Twilight Zone*), Produzent (CBS-Revival *Die Schöne und das*

*Biest*) und Serienentwickler in die Filmbranche (1987–93 gab er aber auch einen Großteil der von ihm und anderen Autoren verfassten *Wild Cards*-Bücher heraus). Hollywood geriet zu einer frustrierenden Erfahrung. Aus Budgetgründen musste er die Storys reduzieren und sparsamer gestalten, die Serien wurden gelobt, aber nicht realisiert: »Ich beschloss, zurück zu meinen Wurzeln zu gehen und Bücher zu schreiben, die nur durch die Größe meiner Phantasie begrenzt würden.«

1991 – Martin hatte gerade mit einem Science-Fiction-Roman begonnen – manifestierte sich eine Szene so eindringlich in seiner Vorstellung, dass er sie niederschreiben musste: Ein Junge sieht einer Enthauptung zu und findet dann einen Wurf Schattenwölfe im Schnee. Das erste Kapitel von *Game of Thrones* entstand in drei Tagen. Der Rest ist Geschichte: 1996 erschien dieser erste Band des ursprünglich auf drei Bände angelegten Epos *A Song of Ice and Fire*. Vom bekannten Fantasy-Schriftsteller wurde Martin zum Weltautor, und die Serie *Game of Thrones* hat ihn »endgültig in die Stratosphäre geschossen« (Werner Fuchs).

2011 heiratete er nach 30 Jahren seine Freundin Parris McBride – als Hochzeitsgeschenk erhielten sie von den Produzenten die drei versteinerten Dracheneier, die schon Daenerys Targaryen zu ihrer Hochzeit bekam.

## Das Spiel – Macht, Krieg und Utopie

Während der Titel des Romanzyklus die Betonung auf das Epische – *A Song*: im alten Verständnis von Dichtung, Epos, Saga – und dessen zentrale Komponenten *Ice and Fire* legt, nimmt der Serientitel Bezug auf das Spielerische, Kämpferische und Machtverliebte: *GAME of Thrones*. Im Zentrum des Geschehens stehen einige große Adelsfamilien, die entweder direkt um den Thron oder zumindest um Macht und Einfluss konkurrieren. Die ersten Züge sind gemacht, als König Robert Baratheon (Mark Addy) zu seinem alten Freund Eddard (»Ned«) Stark nach Winterfell reist, um ihn als seine neue Hand – Berater und Stellvertreter – an den Hof nach Königsmund zu berufen, da die vorherige Hand und beider Ziehvater, Jon Arryn (John Standing), gestorben ist. Hier sehen wir erst- und letztmals glückliche Bilder der Familie Stark, die außer aus Vater Ned noch aus Mutter Catelyn (»Cat«), den Söhnen Robb (Richard Madden), Bran (Isaac Hempstead-Wright) und Rickon (Art Parkinson), den Töchtern Sansa (Sophie Turner) und Arya sowie Neds – wie es eingangs scheint – unehelichem Sohn, dem »Bastard« Jon Schnee, besteht. Zudem lebt noch Theon Graufreud (Alfie Allen), Sohn von Balon Graufreud (Patrick Malahide), dem Herrscher über die Eiseninseln, als Mündel auf Winterfell.

Bei seinem Besuch wird schnell deutlich, dass Robert nur ungern König ist, viel lieber frönt er den Vergnügungen seiner Jugend: »saufen, jagen und huren«. Ein tiefer Schmerz nagt an ihm, liebt er doch immer noch Neds Schwester Lyanna (Aisling Franciosi), die siebzehn Jahre vor der Serienhandlung während eines von ihm angeführten Aufstandes gegen das Haus Targaryen starb. »Roberts Rebellion« war ein einschneidendes historisches Ereignis, das das Machtgefüge auf Westeros neu arrangiert hatte. Bis zu diesem Zeitpunkt saßen die Targaryens auf dem Eisernen Thron, als letzter der unberechenbare, grausame und zunehmend dem Wahnsinn anheimfallende Aerys II. Targaryen (David Rintone), genannt der Irre König. Dann wurde Roberts Verlobte Lyanna Stark von Kronprinz Rhaegar Targaryen (Wilf Scolding) entführt (so der Wissensstand zu Serienbeginn; tatsächlich liebten sich beide und heirateten heimlich). Der darauffolgende, von Robert angeführte Aufstand führte zum Sturz des Hauses Targaryen: Aerys II. wurde von Jaime Lennister (Nikolaj Coster-Waldau), einem Mitglied seiner Königsgarde, getötet, der seither den wenig schmeichelhaften Beinamen »Königsmörder« trägt. Robert bestieg den Thron und ging aus politischen Gründen die Ehe mit der ebenso schönen wie intriganten Cersei (Lena Headey) aus dem mächtigen Hause Lennister ein.

Auch Cersei ist in dieser Ehe unglücklich, tief enttäuscht von Robert, der sie in der Hochzeitsnacht Lyanna nennt, unterhält sie eine inzestuöse Beziehung zu ihrem geliebten Zwillingsbruder Jaime. Beide sind goldblond, und das Ergebnis dieses Twincests sind drei goldblonde Kinder – Joffrey (Jack Gleeson), Myrcella (Aimee Richardson / Nell Tiger Free) und Tommen (Callum Wharry / Dean-Charles Chapman) –, während das einzige Kind von Robert und Cersei schwarzhaarig war und nach der Geburt starb: Ein deutlicheres Menetekel für diese Ehe konnte es kaum geben.

Neben diesem schönen Zwillingpaar gibt es noch den dritten und jüngsten Lennister-Spross: Tyrion, ein in den Augen seiner Mitmenschen missgestalteter Zwerg. Seinen ersten Auftritt in der Serie hat er während des königlichen Besuches in einem Bordell bei Winterfell, wo er sich mit Prostituierten vergnügt. Gastgeberin Catelyn lässt derweil viele Kerzen in sein Gemach schaffen, da es heißt, er lese die ganze Nacht. Maester Luwin (Donald Sumpter), der Gelehrte und Berater des Hauses Stark, hingegen meint, es heiße, Tyrion trinke die ganze Nacht. Beides trifft zu. In Tyrions eigenen Worten: »Das sind meine Eigenarten. Ich trinke und ich weiß Dinge.«

Bereits in der ersten Folge nimmt das Unheil seinen Lauf: Bran beobachtet durch ein Turmfenster Cersei und Jaime beim Sex, wird bemerkt und von Jaime hinabgestoßen. Er stürzt tief und fällt ins Koma. Catelyn erhält eine Nachricht ihrer Schwester Lysa (Kate Dickie), der Ehefrau des verstorbenen Jon Arryn, in der diese die Lennisters als Mörder ihres Mannes bezeichnet, auch der König sei in Gefahr. Nun wird die Familie Stark geteilt, Cat bleibt mit den Jungen in Winterfell, Ned zieht als Hand des Königs widerwillig mit den Töchtern nach Königsmund. Jon Schnee reist mit seinem Onkel Benjen Stark (Joseph Mawle / Matteo Elezi) zur Mauer, um der Nachtwache beizutreten. Begleitet werden sie von Tyrion, der sich das berühmte Bauwerk ansehen will.

In Königsmund beginnt Ned Nachforschungen zum Tod seines Vorgängers anzustellen – und bekommt heraus, dass Cerseis Kinder unehelich sind. Er konfrontiert sie mit seinem Wissen und bietet ihr den Gang ins Exil an, bevor er König Robert informieren will. Hier sieht man Ned als den Fair Player und aufrechten Menschen, der er nun einmal ist, und man ahnt, dass er es in der Schlangengrube Königsmund nicht leicht haben wird. Doch es kommt noch viel schlimmer: Robert wird auf einer Jagd schwer verletzt und ernennt Ned zum Protektor des Reiches – was Cersei, die ihren Sohn Joffrey als König etablieren will, natürlich nicht gefällt.

Auf den gelähmten Bran wird ein Attentat verübt und Cat bekommt den Dolch von Tyrion Lennister zugespielt, der ihn als Täter ausweisen soll – Petyr Baelish identifiziert ihn fälschlich als Besitz des »Gnoms« und verschärft damit die bereits schwelenden Konflikte. Als sie ihm auf dessen Rückreise von der Mauer begegnet, nimmt sie ihn gefangen. Um seinen Sohn zu befreien, zieht daraufhin Tywin Lennister (Charles Dance) in den Krieg gegen die Starks. Catelyn handelt mit Lord Walder Frey (David Bradley) aus, dass Robb den Fluss seines Herrschaftsgebietes an einer strategisch günstigen Stelle überqueren darf, im Gegenzug soll er später eine von Freys Töchtern heiraten. (Der Bruch dieses Versprechens wird zu einer der grausamsten Szenen – der »Red Wedding« – führen.) Tywin Lennister schlägt eine Armee der Starks, fällt dabei aber auf Robbs Finte rein, der zwischenzeitlich mit seinem Hauptheer Jaime Lennister besiegt und gefangen nimmt.

Nachdem Robert seinen Verletzungen erlegen ist, sitzt nun Joffrey in Königsmund auf dem Thron; Ned wird mit dem Wohlergehen seiner Töchter erpresst, ein falsches Geständnis als Verräter abzulegen. Danach soll er als verurteilter Verbrecher lebenslang Dienst in der Nachtwache leisten. Ned legt ein öffentliches Geständnis ab – aber Joffrey bricht die Abmachung und lässt Ned vor aller Augen, auch denen seiner Verlobten, Ned Starks Tochter Sansa, köpfen. Als Reaktion rufen die Lords des Nordens Robb zu ihrem König aus. Roberts Brüder

Stannis (Stephen Dillane) und Renly Baratheon (Gethin Anthony) erheben nun auch Ansprüche auf den Eisernen Thron, während Balon Graufreud kurze Zeit später, in der zweiten Staffel, ebenfalls die Wirren nutzt, um sich zum souveränen Herrscher der Eiseninseln auszurufen – »an jeder Ecke ein König«, wie Cat treffend formuliert. Und da hat sie die Rechnung noch ohne die im Osten, auf dem Kontinent Essos im Exil lebende Targaryen-Tochter Daenerys gemacht.

Zwar fristet Daenerys mit ihrem Bruder Viserys (Harry Lloyd) ein armseliges Dasein, doch hat der »Bettlerkönig« seine Thronansprüche mitnichten aufgegeben. Er verheiratet seine Schwester mit dem mächtigen Reiterlord Khal Drogo (Jason Momoa), der ihm dafür eine Dothraki-Armee zur Rückeroberung des Eisernen Throns verspricht. Während Daenerys langsam das Herz ihres wilden Gatten erobert, schaut Viserys ins Leere, wird ungeduldiger und arroganter, bis er endlich seine Krone erhält: Khal Drogo schüttet ihm bei einer Feier flüssiges Gold über den Kopf.

Nun sieht sich Daenerys als legitime Thronerbin von Westeros, doch Khal Drogo schenkt Eroberungswünschen kein Gehör, da die Dothraki die Meerenge zwischen den Kontinenten als natürliche Grenze nehmen. Erst als ein – noch von König Robert angeordnetes – Attentat auf Daenerys verübt wird, schwört Drogo seiner schwangeren Frau, Westeros zu erobern. Schnell werden mal wieder die friedfertigen Lhazareen, ein Hirtenvolk, überfallen und versklavt, um Geldmittel zu akquirieren. Dabei wird Drogo verletzt. Eine von Daenerys vor der Vergewaltigung gerettete Heilerin (Mia Soteriou) behandelt ihn und wendet auf ihren Befehl auch Blutmagie an. Bei diesem Ritual wird Daenerys verletzt, ihre Wehen setzen vorzeitig ein. Um Drogos Leben zu retten, opfert die Heilerin Daenerys ungeborenen Sohn. Drogos Leben wird gerettet, er vegetiert aber nur noch vor sich hin, auch sein Khalasar zerfällt. Schließlich erlöst Daenerys ihren Mann und verbrennt ihn abends mit ihrem Hochzeitsgeschenk, den versteinerten Dracheneiern und der Heilerin.

Daenerys – als Targaryen mit Drachenblut ausgestattet – steigt ebenfalls in die Flammen und tritt morgens unverletzt und mit drei neugeborenen Drachen aus der Asche hervor. Mit den auf Befehl – »Dracarys!« – feuerspeienden Wunderwaffen Drogon, Rhaegal und Viserion kann ihr Eroberungszug beginnen.

Bis zum Ende der ersten Staffel werden (teils falsche) Spuren gelegt, Andeutungen gemacht und Figuren vorgestellt. Zunächst scheinen sich mit den aufrechten Starks und den intriganten Lennisters zwei Familien antagonistisch gegenüberzustehen, doch wird sich diese Konstellation im Verlauf der Serie noch erheblich erweitern. Nicht nur kommen mit den Graufreuds, die auf den Eiseninseln immer ihr eigenes Machtsüppchen kochen, den mächtigen Tyrells aus Rosengarten, deren heiratsfähiger Spross, die ebenso reizende wie raffinierte Margaery (Natalie Dormer), drei Könige nacheinander ehelicht, und den Martells aus Dorne, die noch eine eigene Rechnung mit den Lennisters offen haben, neue Handlungsmomente ins Spiel. Es gewinnen auch Figuren, die nicht durch Abstammung der Loyalität eines Hauses verpflichtet sind, an Gewicht, so Petyr Baelish (Aidan Gillen), der Meister der Münze, oder auch Varys (Conleth Hill), der Meister der Flüsterer, beide eingangs am Hofe in Königsmund tätig.

Auch Religion und Magie sind starke Einflussfaktoren: So wird eine fanatische religiöse Gruppierung unter Führung des Hohen Spatzen die Hauptstadt unter ihre Herrschaft bringen, während die R'hllor, dem Gott des Lichts, dienende Priesterin Melisandre (Carice van Houten) nicht nur einen Dämon gebären, sondern auch Stannis Baratheon dazu bringen wird, seine eigene Tochter als Gottesopfer zu verbrennen. Die zahlreichen Hauptfiguren werden ergänzt durch zahllose Nebenfiguren und neue Player, die der Handlung plötzlich eine unerwartete Richtung geben.

## Geschichte und Gegenwart

Auch die an verschiedenen Orten spielenden Handlungsstränge werden zunehmend komplex. Dabei folgen sie auch historischen Quellen. Stark inspiriert wurde George R. R. Martin vom »War of Roses«, dem von 1455 bis 1485 in England stattfindenden Rosenkrieg. In diesem Erbfolgekrieg kämpften die Häuser Lancaster (!) – mit roter Rose im Wappen – und York – mit weißer Rose – um die Krone. In dieser langen und windungsreichen Geschichte spielte Margarete von Anjou (1430– 1482) eine zentrale Rolle. Sie war die Gattin des 1453 nach der Geburt seines Sohnes mit Geisteskrankheit geschlagenen Königs Heinrich VI. und Gegenspielerin von Herzog Richard von York. Dieser wurde angesichts der psychischen Verfassheit des Königs 1454 zum Reichsprotektor ernannt, zudem leitete er selbst einen Anspruch auf den Thron ab. Bereits 1454 zwang Margarete Richard zur Aufgabe seines Titels, da sie ihren Sohn Edward of Westminster auf dem Thron sehen wollte. Doch Richard eroberte sich seinen Titel militärisch zurück. Es entbrannte ein Machtkampf zwischen Margarete und Richard mit einigen Schlachten, wechselnden Allianzen und ebenso wechselndem Kriegsglück, an dessen Ende die männlichen Linien der Häuser York und Lancaster ausgelöscht waren. Henry Tudor, über seine Mutter aus dem Lancaster-Zweig mit wackeligem Thronanspruch versehen, etablierte sich letztlich als König und heiratete Elisabeth aus dem Hause York.

Auch die furchtbare Rote Hochzeit, die Vermählung von Edmure Tully (Tobias Menzies) mit Roslin Frey (Anna Ewelina), in deren Verlauf die als Gäste geladenen Mitglieder der Familie Stark aus Rache abgeschlachtet werden, hat historische Vorbilder, diesmal aus dem mittelalterlichen Schottland. Im Rahmen einer politischen Intrige wurde William, Earl of Douglas mit seinem Bruder 1440 nach Edinburgh Castle zu einem Gastmahl eingeladen, das als »Black Dinner« in die Geschichte einging. Die Brüder wurden mit einem Bullenkopf bewirtet und an der Festtafel hingerichtet. Und im Massaker von Glencoe wurde 1692 der Clan der MacDonalds von den Soldaten getötet, die er unter seinem Dach bewirtet hatte. Das Kommando führte Robert Campbell, den Befehl unterzeichnet hatte König William von Oranienburg, der in eine Intrige gegen die MacDonalds verwickelt war; 78 Männer, Frauen und Kinder starben. Schockierend waren – in historischer Perspektive wie in der Serie – nicht allein die grausamen Ermordungen, sondern auch der Bruch des Gastrechts. In Schottland wurde das Massaker von Glencoe unter dem strafverschärfenden Paragraphen »Mord unter Missbrauch des Vertrauens« 1695 juristisch aufgearbeitet. Belangt wurde niemand. In der Serie handelt der üble und rachsüchtige Walder Frey im Verbund mit Roose Bolton (Michael McElhatton) und Tywin Lennister, die jeweils eigene Motive mit diesem Komplott verfolgen. Frey wird für seinen Verrat, heißt es, in der »siebten Hölle« schmoren. (Und dort hoffentlich immer wieder das vor dem Abschlachten gespielte Lennister-Lied *The Rains of Castamere* hören, gespielt von der Indie-Band The National unter Mithilfe von Coldplay-Drummer Will Champion.)

Martin steht zwar freimütig zu seinen Inspirationsquellen, aber zugleich betont er, keine Eins-zu-Eins-Entsprechungen geschrieben zu haben. Geschichte beflügele seine Phantasie und verleihe der Erzählung Plausibilität, grundsätzlich ziehe er es aber vor, alles neu zu imaginieren und in unerwartete Richtungen zu entwickeln. So haben Wissenschaftler wie Fans Ähnlichkeiten Cerseis mit Margarete von Anjou festgestellt, die als schöne und machtbewusste Frau die Lancaster-Fraktion in den Rosenkriegen angeführt hat. Doch, so die Mediävistin Carolyne Larrington, die den historischen Entsprechungen der mittelalterlichen Welt von *Game of Thrones* ein ganzes Buch widmet: »Mit gleichem Gewinn kann man – was auch geschehen ist – Cersei mit einer ganzen Reihe anderer Königinnen des Mittelalters vergleichen, die einen Ruf als willensstarke Unruhestifterinnen haben: mit Eleonore von Aquitanien (ca. 1122–1204), mit Isabella (1295–1358), Königin an der Seite Edwards II., mit Brunichild, einer Merowingerkönigin im heutigen Nordfrankreich an der Wende vom 6. zum 7. Jahrhundert ... und die Reihe ließe sich fortsetzen.«

Margaery Tyrell wiederum wurde mit Anne Boleyn, der zweiten Gattin des berühmt-berüchtigten Heinrich VIII., verglichen. Sie brachte den König dazu, mit der römisch-katholischen Kirche zu brechen, um sie heiraten zu können. Später wurde sie geköpft – angeklagt war sie des Ehebruchs, unter anderem mit ihrem Bruder. (Übrigens: Die Schauspielerin Natalie Dormer wurde als Anne Boleyn in *Die Tudors* bekannt und spielte später in *Game of Thrones* Margaery Tyrell!) Anregungen gibt es also viele. »Aber«, so noch einmal Larrington, »auf dem Weg durch Martins zwingende Erfindungskraft und über den epischen Blickwinkel der Serienmacher David Benioff und Dan Weiss verwandeln sich die historischen Tatsachen in etwas Gehaltvolleres, Fremdartigeres, Grundlegenderes.« Diesem Verfremdungs- und Verdichtungseffekt ist zu verdanken, dass die Serie kein Historienschinken ist, sondern ein eigenständiges Werk, das sich auch gut als Spiegel für die Gegenwart eignet.

*Game of Thrones* zeigt einen geopolitischen Raum, der durch Krieg, Intrigen und religiösen Fanatismus gezeichnet ist, dessen Institutionen und Werte zunehmend zerfallen und über dem das Damoklesschwert der Auslöschung der menschlichen Spezies schwebt. Mit diesen Komponenten wird die Serie zum Projektionsraum einer von Kriegen, Terrorismus, Nationalismus, Demokratieverlust, Finanzkrisen, Machtverschiebungen und ökologischen Desastern gezeichneten Gegenwart. »Winter is coming!«, das Hausmotto der Starks, ist zum geflügelten Wort für allfällige Bedrohungsszenarien avanciert (da in Westeros die Jahreszeiten unterschiedlich lang ausfallen, weiß man nie genau, wie lange der Winter dauern wird – sicher ist nur, *dass* er kommt und nach dem langen Sommer wohl sehr lang und hart werden wird). So warnte der britische Umweltminister Michael Gove im Januar 2019 mit diesen Worten vor der Ablehnung des Brexit-Deals. Und der *Evening Standard* erläuterte damit die politischen Winkelzüge im Video *From Westminster to Westeros*; es endete mit der berühmten Sentenz des notorischen Intriganten und Kriegsgewinnlers Petyr Baelish: »Chaos ist kein Abgrund. Chaos ist eine Leiter« – für die nämlich, die Umstände geschickt zu ihrem persönlichen Aufstieg zu nutzen wissen.

Mit ihren machtversessenen Figuren bietet *Game of Thrones* zudem Projektionsflächen für die Elitenkritik der Gegenwart. Wenn der Hohe Spatz, das religiöse Oberhaupt des ob ihrer Armut an die Franziskaner, ob ihrer Intoleranz an die Dominikaner erinnernden Ordens, dem sich viele kriegsverarmte Menschen in Königsmund angeschlossen haben, zu Lady Olenna (Diana Rigg) sagt: »Ihr seid die Wenigen, wir sind die Vielen«, dann klingt hier der Kampfruf »Wir sind die 99 Prozent« der zeitgenössischen Occupy-Bewegung nach. In und mit diesen Dialogen wird immer auch die Frage nach der Legitimation von Herrschaft gestellt. Als Olenna dem Hohen Spatz vorwirft, er spiele die Rolle des Mannes aus dem Volk nur, um eigene Interessen durchzusetzen, erklärt dieser, dass er einfach den Göttern diene – auch wenn sie sich das kaum vorstellen könne. Zufall oder nicht: der Hohe Spatz ähnelt Papst Franziskus, und der gelte auch, so der ihn spielende Jonathan Pryce, als Mann des Volkes und der Armen; hier sei die Stimme eines Revolutionärs zu hören. Der religiöse Fundamentalismus mag in Westeros zunächst revolutionär sein, nachdem Cersei aber den kapitalen Fehler begeht und eine Allianz mit dem Hohen Spatzen eingeht, um ihren Feinden zu schaden, ähnelt das Vorgehen des neuen religiösen Oberhaupts und seiner von ihm bewaffneten Spatzen der Inquisition. Sie greifen im Sündenpfuhl Königsmund gründlich durch und reißen die Herrschaft an sich: Nicht nur Loras Tyrell (Finn Jones), der Geliebte Renly Baratheons und Königin Margaerys Bruder, muss zur Freude Cerseis in den Kerker, sondern kurz darauf auch diese selbst. Die Regentin Mutter muss nackt den demütigenden Walk of Shame durch die Hauptstadt absolvieren, und ihr Sohn, König Tommen, erklärt öffentlich ein neues Bündnis von Krone und Glauben.

Die Serie setzt – hierin sehr modern und global rezipierbar – verschiedene Herrschaftsformen in Szene: auf Westeros regiert ein aristokratischer Feudalismus, im Osten der Tribalismus der Dothraki, während die Brüder der Nachtwache ihren Lordkommandanten demokratisch aus ihren eigenen Reihen wählen und die Wildlinge im Norden eine Mischung aus Faustrecht und Althing-Strukturen leben. Im Krieg um den Thron müssen alle um Unterstützung werben. Natürlich sind diese Allianzen von den Interessen der Beteiligten bestimmt, aber die Besseren eint auch die Sorge um den Zustand der Welt – und die Erfahrung, einer anderen Generation anzugehören: »Mein Vater war ein schlechter Mensch«, erklärt Daenerys; und sie bittet Jon um Vergebung für die an seiner Familie begangenen Verbrechen, wie auch darum, dass er sie nicht danach beurteilen möge. Auch Tyrion kündigt schließlich auf sehr blutige Weise Familienloyalitäten auf und will nur einer Person dienen, die des Herrschens würdig sei. Wie Varys setzt er dabei auf Daenerys, die die Vision einer Welt entwickelt, in der das »ewige Rad« – das Auf und Ab der Herrscher –, das die Unterdrückten unter sich zermalmt, zerbrochen werde.

## Formen des Politischen

Im Zentrum der Serie stehen damit zwei Formen des Politischen: die Herrschaftssicherung durch Allianzen, Kriege und Taktiken und die radikale Vision einer anderen Welt. Dieser Umsturz der Verhältnisse beginnt ganz unten, im Exil, in Armut und Abhängigkeit von zweifelhaften Gönnern und Gastgebern und entwickelt sich mit der Verbreiterung von Daenerys' Machtbasis schließlich zu einer Revolution von oben. Während das machiavellistische Spiel der Macht und der Mächte in Westeros hochspannend, in seiner Blindheit gegenüber den wahren Bedrohungen und Aufgaben aber auch abstoßend ist, geht von Daenerys' Utopie einer gerechten und guten Welt eine Faszination aus, die die Zuschauer einnimmt. Während die Adelshäuser paktieren und taktieren, gelegentlich aber auch Kompromisse eingehen, schwingt sich Daenerys auf Drachenschwingen zum visionären Höhenflug auf. Sie erlebt einen dynastischen Absturz, der ihr Ende einleitet: Im Verlauf der Serie zeigt sich, dass Jon Schnee der aus Schutz vor König Robert von Ned Stark als Bastard aufgezogene Sohn seiner Schwester Lyanna und Kronprinz Rhaegar Targaryen ist. Jon alias Aegon Targaryen ist somit der legitime Thronfolger – auch wenn er nicht König sein will und Daenerys als Herrscherin sieht. *Gerade die Ablehnung* der Macht weist ihn als idealen Herrscher aus, während Daenerys' Revolution in die Tyrannei kippt, als sie die Auslöschung aller plant, die ihr nicht bedingungslos nachfolgen.

*Game of Thrones* stellt die Frage nach dem »guten Regieren«, nach der Legitimation von Herrschaft. Damit einher geht diejenige, was Macht eigentlich ist. »Macht ist Macht«, so die politisch eher unbegabte, aber tautologiefreundliche Cersei. Elaborierter und moderner definiert Varys die Dinge: »Macht hat derjenige, dem die Leute Macht zuschreiben.« Macht ist immer auch ein Phantasma, dem viele zustimmen müssen, damit sie funktioniert. Dies macht der Kampf der Baratheon-Brüder nach Roberts Ableben deutlich. Da Joffrey als Kind einer Inzestbeziehung ein illegitimer Thronfolger ist, reklamiert Stannis als der Ältere zu Recht die Krone für sich, doch nur sehr wenige wollen dem pflichtbewussten, aber völlig humorlosen und allzu strengen Mann folgen, während sein jüngerer, lockerer, menschenfreundlicher – und schwuler – Bruder ein Charisma hat, das ihm die Herzen aller zufliegen lässt. Trotzdem reagiert der humorvolle, aber eben auch moralisch korrekte Ned Stark erbost, als Renly ihn um Unterstützung bittet. Renly argumentiert, dass Stannis kein guter König wäre – er hingegen schon.

Doch Macht wird nicht gegeben, Macht muss man sich – wie Daenerys lernt – nehmen. Andererseits reicht weder die Krone auf dem Kopf noch Gewalt aus, um Macht zu sichern. Dies erfährt der grausame König Joffrey, wenn er schnell das Zeitliche segnet. Auch Daenerys' Regentschaft dauert nicht lange: Sie stirbt in dem Moment, in dem sie den Thron zum ersten Mal berührt. »Wer das Spiel der Throne spielt«, hatte Cersei anfangs Ned Stark gewarnt, »der gewinnt oder stirbt«. Macht zu erlangen und zu erhalten, scheint ein Spiel aus Taktiken, Finten, Lügen, Täuschungen und Manövern zu sein (und es gibt selbstverständlich Studien, die *Game of Thrones* aus spieltheoretischer Sicht analysieren). Diesem Machtspiel, das Intelligenz, List und Weitsicht voraussetzt, ist Tyrion ebenso verfallen, wie er gerne Cyvasse, eine Art Schach, spielt. Und so lehnt er auch das Ansinnen der von ihm geliebten Prostituierten Shae (Sibel Kekilli), mit ihr das gefährliche Königsmund zu verlassen, ab: Er wolle im Zentrum der Machtspiele bleiben, da er sie beherrsche und genieße (auch dies hat sehr ungute Folgen).

### Außenseiter im Zentrum

Tyrion – Lieblingsfigur des Autors und des Publikums – ist als Machttaktiker logischerweise auch Machtanalytiker. Er verfügt über Bildung, Humor und einen scharfen Verstand – der, wie er sagt, Bücher brauche, wie ein Schwert den Stein zum Wetzen. Aber das Wichtigste sei, dass er gelernt habe, der Wahrheit ins Gesicht zu blicken. Dies rät er auch dem gelähmten Bran, als der sich wehrt, als Krüppel bezeichnet zu werden: »Dann bin ich kein Zwerg!« Den ob der Bezeichnung »Bastard« gekränkten Jon Schnee weist er auf Gemeinsamkeiten hin: »Alle Zwerge sind Bastarde in den Augen ihrer Väter.« Besser sei es, die eigene Position zu kennen, denn die anderen würden sie nie vergessen. Aus dieser im Wortsinne selbstbewussten Haltung heraus analysiert er die Finten seiner Gegner, Verbündeten und Freunde.

Tyrion gleicht der »Spinne« Varys: Als Kopf des Spionagenetzwerks ist dieser mächtig und einflussreich, doch zugleich wird er als Eunuch verachtet. Beide sind listig, großzügig und menschlich – und Gegenbilder zu denjenigen, die rund um die Uhr egoistisch handeln. Tyrion schenkt dem gelähmten Bran den Bauplan für einen Reitsitz; gefragt, warum er dies für ein Mitglied eines verfeindetes Adelshauses tue, antwortet er: »In meinem Herzen ist viel Platz für Krüppel, Bastarde und Zerbrochenes« (wie auch in dem George R. R. Martins).


## Im Bordell der Macht

Es sind die Kleinen und Kastrierten, die in ihrer paradoxen Position als Außenseiter im Zentrum der Macht den klarsten Blick auf die Machtverhältnisse haben und für das Publikum als positive Identifikationsfiguren fungieren. Ganz anders der von der Halbinselgruppe »Die Finger« stammende Petyr Baelish, der – auch er ein begnadeter Machttechniker – aus kleinen Verhältnissen kommt und deshalb den abwertenden Spitznamen »Kleinfinger« erhielt: »Ich habe gelernt, dass ich nie gewinnen werde. Nicht auf diese Art. Das ist ihr Spiel. Ihre Regeln. Ich werde nicht gegen sie kämpfen, ich werde sie ficken. Das ist, was ich kann.« Obwohl diese Worte in einem Bordell gesprochen werden, ist hier die metaphorische Bedeutung gemeint.

Die Machtkämpfe erscheinen in *Game of Thrones* aber oft auch als Bordelltreiben, in dem Sex als fleischgewordene Strategie fungiert. Nachdem Cersei Sansa Stark anlässlich von deren erster Monatsblutung belehrte – »Tränen sind nicht die einzige Waffe einer Frau. Die beste liegt zwischen deinen Beinen. Lerne, wie man sie benutzt« –, lässt später auch Lady Olenna, das intellektuelle Mastermind von Haus Rosengarten, ihre Enkelin Margaery wissen: »Ich war sehr gut im Bett.« Auch die Fähigkeit, Kinder zu bekommen, kann einen Machtfaktor darstellen: So verführt Melisandre den moralinsauren Stannis Baratheon mit Verweis auf die Fehlgeburten seiner Frau und dem Versprechen, ihm einen Sohn zu gebären.

Einmal warnt Tyrion seine Geliebte Shae: »Du kannst dich nicht aus allem herausficken.« Denn wer ficken kann, kann auch gefickt werden – im Bordell der Macht ist auch Askese eine Strategie. Zufall oder nicht: Die beiden mächtigsten Männer aus Westeros, die es nicht durch Geburt, sondern durch eigene Kraft in den engsten Zirkel der Macht geschafft haben, leben asexuell: Varys wurde als Kind kastriert, Petyr Baelish ist auf seine unerwiderte Kindheitsliebe Catelyn Stark fixiert und scheint – wiewohl er seinen Reichtum nicht unwesentlich seinen Bordellen verdankt – keine Frauen zu frequentieren. Petyr hält sich physisch aus dem Spiel heraus und glaubt sich auch metaphorisch »unfickbar«. Er ist auf seine ganz eigene, nämlich finanzkapitalistische Art im Bordell der Macht involviert: als Geschäftsmann, der nichts so sehr hasst wie Fehlinvestitionen. Sex ist für ihn persönlich keine Strategie, sondern eine Dienstleistung, und der Mensch dazu die Ware: Als er erfährt, dass die für ihn tätige Prostituierte Ros (Esmé Bianco) als Informantin für Varys arbeitet, gibt er sie Joffrey – der sie als lebendes Ziel mit Bolzenschüssen aus seiner Armbrust tötet.

Die Serie zeigt die Strategien der Mächtigen und die Konsequenzen, die das politische Handeln für die sogenannten »kleinen Leute« nach sich zieht. Als Robb Stark auf einem Schlachtfeld Talisa Maegyr (Oona Chaplin, Charlies Enkelin!) begegnet, die einen gegnerischen Soldaten verarztet, entspinnt sich ein kurzes Gespräch: »Der Junge hat seinen Fuß auf deinen Befehl hin verloren.« Robb: »Sie haben meinen Vater getötet!« Talisa: »Dieser Junge?« Robb: »Die Familie, für die er kämpft.« Talisa: »Glaubst du, er ist mit König Joffrey befreundet? Er ist der Sohn eines Fischers, der in der Nähe von Lennisport aufgewachsen ist, er hat vermutlich niemals einen Speer in der Hand gehalten, bevor man ihm vor einigen Monaten einen in die Hand gedrückt hat.« Robb: »Ich habe nichts gegen den Jungen.« Talisa: »Das sollte seinem Fuß helfen zu wachsen.« Als sie abreist, ruft er ihr nach: »Der Junge hatte Glück, dass du hier warst!« Sie antwortet: »Er hatte Pech, dass du hier warst.« Screwball-Dialoge in Westeros – kaum erstaunlich, dass sich beide ineinander verlieben.

## Düsterer Realismus und enttäuschte Erwartungen

Diesen intimen, ganz auf die Figuren fokussierten Szenen stehen gigantische Schlachten gegenüber, die in Länge und Ausstattung, Choreographie und Poesie, durch Spezialeffekte (SFX) und digitale Visual Effects (VFX) Fernsehgeschichte geschrieben haben. Unter der Regie von Neil Marshall kommt in der Schlacht am Schwarzwasser in Staffel 2 spektakuläres Seefeuer zum Einsatz. Wurde hier schon ein Monat lang nachts gedreht, so erforderte die in Nordirland gedrehte, über eine Stunde während finale Schlacht gegen den Nachtkönig dann 55 Drehs in Kälte und Dunkelheit – eine Grenzerfahrung für Cast und Crew. Regie führte Miguel Sapochnik, der sich bereits mit der »Schlacht der Bastarde« in Staffel 6 und der hochgelobten Episode »Hartheim« – »nur« fünfzehn Minuten Kampf gegen die Untoten, aber was für fünfzehn Minuten! – bleibende Meriten verdient hatte.

Die Serie setzt mit ihrem vielgelobten *gritty realism*, ihrem düsteren Realismus, einen Imaginationsraum in Szene, in dem es um Macht, Egoismus und das Zusammenleben der Menschen geht. Was treibt sie, was treibt das Geschehen an? Die Protagonisten folgen oft einer machiavellistischen Sicht, der jedes Mittel recht ist, um das gesetzte Ziel zu erreichen. Nur wenige verfolgen uneigennützige Ziele. Pläne und Vorhaben – gut- wie schlechtgemeinte – scheitern mit schöner Regelmäßigkeit; der nach der Opferung seiner Tochter von allen guten Geistern, seinen Truppen und auch seiner Beraterin verlassene Stannis kann ebenso ein Lied davon singen wie die leidgeprüfte Brienne von Tarth (Gwendoline Christie), der anfangs ständig diejenigen wegsterben oder weglaufen, die zu beschützen sie geschworen hatte.

Und über allem walten die Showrunner, die das von George R. R. Martin begonnene Werk der Unvorhersehbarkeit fortsetzten, wenn auch Benioff und Weiss gemäßigter agierten, als sie die Serie ab Staffel 6 mangels literarischer Vorgaben alleine (aber in Rücksprache mit Martin) weiterentwickeln mussten: Fanservice ließ hier manche Hauptfigur länger überleben.

Doch genau der Bruch mit den Erwartungen des Publikums ist wohl die größte Erfolgsformel der Serie. Und so erklären sich Wendungen und Windungen der Handlung nicht nur mit schlechten Charakteren, dummen Taktiken und fehlgeschlagenen Finten, sondern vor allem aus den Genreregeln, die mit der Enthauptung Ned Starks außer Kraft gesetzt werden und damit das weitere Geschehen bestimmen: »Die nächste vorhersehbare Sache ist zu glauben, dass sein ältester Sohn sich erheben und seinen Vater rächen wird. Und jeder wird das erwarten. Also wurde [das Töten von Robb] das nächste, was ich tun musste ...«, so Martin. Während das Publikum gebannt dem Geschehen folgt und dabei seine Ängste, Sorgen und Wünsche in die Serie projiziert, waltete über allem ein Autor, der nicht nur die Spielregeln des Ästhetischen, sondern auch die Erwartungen seiner Leser und Zuschauer nur allzu gut kennt – und der das Brechen dieser Regeln zur Königsdisziplin erhoben hat.

## Die Figuren – Genealogien und Geschlechter

Das *Game of Thrones*-Universum verfügt über eine enorme Anzahl an Figuren, die nicht nur verschiedenen Kulturen angehören, sondern auch allen gesellschaftlichen Schichten entstammen. Welchen Geschlechts – im doppelten Wortsinne – jemand ist, entscheidet nicht selten über Leben und Tod.

Sind die Kulturen auf Essos Tribal- oder Sklavenhaltergesellschaften nachgebildet, so ist die Gesellschaft in Westeros an die Feudalstrukturen des europäischen Mittelalters angelehnt: die Genealogie – die familiäre Herkunft – und das Geschlecht – weiblich oder männlich – entscheiden hier über die soziale Position. Eigentlich wäre deshalb eine eher starre soziale Statik Voraussetzung des Seriengeschehens. Doch mit der Enthauptung von Ned Stark wurde die valyrische Begrüßung »Valar morghulis« – »Alle Menschen müssen sterben!« – zum Damoklesschwert, das über allen Figuren schwebt. Damit wurde ein enormes Spannungspotenzial aufgebaut, dem die soziale und psychologische Dynamik der Serie permanent zuarbeitet: In den Ränke- und Machtspielen, den Kriegshandlungen und Intrigen wechseln die Protagonisten unaufhörlich ihre sozialen, geschlechtertypischen und moralischen Positionen. Die feudalen Strukturen in Westeros setzen zwar die

Ausgangspositionen fest – hier König, da Bauer, hier Ritter, da Schmuggler, hier Mann, da Frau, hier Edler, da Bastard und so fort –, doch erweisen sie sich als instabil: So werden nicht nur Frauen Königinnen, sondern kurzzeitig wird auch das herrschende Patriarchat aufgelöst – am Ende von Staffel 6 sitzt Cersei auf dem Eisernen Thron, während ihre Widersacherin, Königin Daenerys, nicht nur sämtliche männlichen Clanherrscher der Dothraki auf einen Schlag verbrannt und deren Krieger unter ihre Herrschaft gebracht hat, sondern daraufhin mit einer fast schon feministisch zu nennenden Armada – bestehend aus Olenna Tyrell, Asha Graufreud (Gemma Whelan) und Ellaria Sand (Indira Varma) – gen Westen zieht.

Die Frauen der Serie handeln ebenso machtorientiert, gewalttätig und intrigant wie die Männer – sicherlich kein Wunder bei einem Autor, der von sich sagt: »I'm a feminist at heart«, und der auf die Frage, wie es ihm gelungen sei, so interessante Frauenfiguren zu schaffen, antwortete: »Wissen Sie, ich bin eigentlich immer davon ausgegangen, dass Frauen Menschen sind.« *Game of Thrones* setzt den Wechsel der Geschlechterrollen auf vielen Ebenen und anhand sehr unterschiedlicher Protagonistinnen in Szene. Nicht alle Frauen sind machthungrig, nicht alle sind gut, nicht alle sind schlecht. So ist Brienne von Tarth eine durch und durch ritterliche Figur, der nichts ferner liegt als irgendwelche Machtspielchen. Wie Arya Stark war auch sie in ihrer Kindheit ein *tomboy*, ein Mädchen, das sich jenseits angestammter Rollenmuster bewegte, und wie diese hatte sie einen Vater, der ihr erlaubte, Dinge zu lernen, die nicht zum Repertoire einer Mädchensozialisation zählten: ins-

> »Tief in meinem Inneren bin ich Feminist.«
>
> George R. R. Martin

besondere den Schwertkampf. Brienne, im Romanzyklus als wirklich hässlich geschildert, ist eine Frau, die schon durch ihre äußerliche Erscheinung – sehr groß und kräftig – vom Ideal der kleinen, zarten Frau abweicht; gespielt wird sie von der keineswegs unattraktiven, 1,91 Meter großen Schauspielerin Gwendoline Christie. An Arya hingegen, 1,55 Meter klein und schmal, zeigt sich, dass es die mentalen und nicht die physischen Fähigkeiten sind, die eine Frau zum *natural born killer* machen. Arya durchläuft eine mehrstufige Ausbildung: Zuerst lernt sie als »Wassertänzerin« den eleganten Kampfstil von Syrio Forel (Miltos Yerolemou), dem Ersten Krieger von Braavos, später setzt sie ihre Ausbildung bei den »Faceless Men« fort – Assassinen, die dem Gott des Todes dienen und gegen Bezahlung töten.

So unterschiedlich diese Frauen sind, sie alle kämpfen gegen die Beschränkungen, die ihre Rolle als Frau ihnen auferlegt. Wie im Mittelalter fungieren sie als Rangiermasse: Im Zuge dynastischer Heiratspolitik ermöglichen sie den Herrschaftserhalt oder Machtzuwachs der einzelnen Häuser. Tywin Lennisters emsige Verheiratungspolitik ohne jede Rücksicht auf die Befindlichkeiten seiner Kinder, vor allem die seiner Tochter Cersei, bietet ein anschauliches Beispiel. Umgekehrt zeigt sich sehr schön an der unentwegt heiratenden Margaery Tyrell – kaum Witwe des Thronaspiranten Renly Baratheon, heiratet sie König Joffrey, und kaum ist dieser ermordet, folgt schon sein Bruder, König Tommen –, dass Frauen die für sie vorgesehenen Funktionen auch in eigenem Interesse nutzen. Entsprechend lautet Margaerys Antwort auf Lord Baelishs Frage »Wollt Ihr eine Königin sein?«: »Nein. Ich will *die* Königin sein.«

Cersei Lennister oder auch Olenna Tyrell sind gewissermaßen Feministinnen *avant la lettre:* Während Erstere wütend beklagt, dass sie und ihr Zwillingsbruder Jaime, die sich als Kinder ununterscheidbar ähnelten, in so unterschiedliche Rollenmuster gezwungen wurden, hält Letztere die meisten Männer für ausgemachte Dummköpfe, die man am besten ignoriert oder manipuliert (wer wie die achtzigjährige Schauspielerin Diana Rigg über ein Vorleben als Emma Peel bzw. Bond-Girl verfügt, weiß Bescheid!). Nur bei den Wildlingen haben Frauen eigene Rechte, sogar das Stimmrecht.

## Aus Flohloch an den Königshof

Zum Gender-Trouble gesellen sich Positionswechsel auf der sozialen Skala. Ser Davos (Liam Cunningham) etwa, die Hand von Stannis Baratheon, wurde in Flohloch – *nomen est omen* – geboren, sein Vater war Krabbenfischer, er selbst Schmuggler. In dieser Eigenschaft hatte er während Roberts Rebellion den auf seiner Festung belagerten Stannis Baratheon und seine Mannen mit einer Schiffsladung Zwiebeln vor dem Verhungern gerettet. Dafür schenkte ihm Stannis Ländereien, schlug ihn zum Ritter – und als Strafe für den Schwarzhandel vier Fingerspitzen der rechten Hand ab. Der nunmehrige »Zwiebelritter« trägt es mit Fassung, Stolz und Humor (sein Wappen zeigt eine Zwiebel) – und seine abgeschlagenen Gliedmaßen als Glücksbringer um den Hals.

Auch Bronn (Jerome Flynn), der gerissene Söldner, kann aufgrund seiner Kampfkünste einen sozialen Aufstieg verbuchen: Nach einer Schlacht wird er zu »Ser Bronn vom Schwarzwasser« geschlagen. Wie man von Pierre Bourdieu weiß, ist auch symbolisches Kapital kein schlechter Anfang, wenn man sonst nicht viel hat.

Eine geradezu kometenhafte Karriere hat der Meister der Flüsterer hingelegt. Varys' Kindheit konnte furchtbarer kaum sein: Als Waisenjunge lebte er in Essos bei einer wandernden Schauspielertruppe, die ihn an einen Zauberer verkaufte. Dieser kastrierte ihn und warf ihn zum Sterben auf die Straße. Doch Varys überlebte, wurde zu einem ausgefuchsten Dieb und tat sich mit dem gefürchteten Schwertkämpfer Illyrio Mopatis (Roger Allam) zusammen. Varys stahl anderen Dieben die Beute, Illyrio gab sie gegen Belohnung den Besitzern zurück – beide wurden sehr reich. Varys, der sehr gut in das 21. Jahrhundert passt, erkannte schnell die Ressource, die *wirklich* reich und *mächtig* macht: Informationen. Er nahm Waisenkinder und andere »kleine Vögelchen« in seinen Dienst und avancierte zum Chef eines riesigen Spionagenetzwerkes, dessen Ruf bis nach Westeros drang. Als einer der klügsten Köpfe der Serie ist er sich natürlich auch seiner (filmischen) Rolle bewusst. So teilt er Ned Stark – und der Zuschauerschaft – mit: »Ich bin der Meister der Flüsterer, meine Rolle ist es, verschlagen, unterwürfig und ohne Skrupel zu sein.«

Mit der von der Sommerinsel Naath stammenden Missandei (Nathalie Emmanuel) und dem Soldaten Grauer Wurm (Jacob Anderson) werden zwei People of Color von Neben- zu Hauptfiguren der Serie. Beide sind Sklaven, die von Daenerys befreit werden. Missandei fungiert als Dolmetscherin für ihren Herrn Kraznys mo Nakloz (Dan Hildebrand), als Daenerys vorgibt, seine Armee der Unbefleckten gegen einen Drachen tauschen zu wollen. Kraznys meint fälschlich, Daenerys verstünde ihn nicht, und beleidigt sie vulgär. Missandei übersetzt alles in eine respektvolle Rede. Am Ende des Deals fordert Daenerys auch Missandei. Diese spricht neunzehn Sprachen, ist klug und loyal und avanciert zur engsten Vertrauten

Daenerys'. Grauer Wurm gehört eingangs als Unbefleckter zur Armee kastrierter Sklavensoldaten, die, in Astapor ausgebildet, absolut loyal zu ihren Herren stehen. Als Zeichen ihrer Unterwerfung mussten sie demütigende Namen annehmen. Nach ihrer Freilassung fordert Daenerys sie auf, sich neue Namen zu wählen, – doch er behält seinen Namen bei, denn mit diesem habe er seine Befreierin kennengelernt. Beide Charaktere sind sehr positiv gezeichnet, es wurde aber moniert, dass die Serie, abgesehen von kämpfendem, gesichtslosem Fußvolk, nur wenige nicht-weiße Figuren aufweise und diese auch keine kulturspezifisch andere Sicht auf Westeros vermitteln.

## Hoch steigen, tief fallen

Natürlich kommt in *Game of Thrones* keine sozial mobile Gesellschaft zur Darstellung. Diese Figuren stellen Ausnahmen dar. Da es sich bei diesen Einzelfällen aber um wichtige Protagonisten der Serie handelt, ist man von der Schilderung eines immobilen Mittelalters doch weit entfernt. Zumal auch die Angehörigen der Adelshäuser vom Auf und Ab nicht verschont werden: Cersei sehen wir als Handelsware Frau, als Prinzregentin, als Königin, als nackte Büßerin, Arya als adeligen *tomboy*, als verfolgten Flüchtling und als Killermädchen, ihre Schwester Sansa wird von der hochwohlgeborenen Tochter mit Prinzesschen-Allüren zum Vergewaltigungsopfer, Flüchtling und schließlich zur Königin von Winterfell, Tyrion vom verspotteten Adeligen zum Vater- und Geliebtenmörder, zum Flüchtling und Sklaven und schließlich zur Hand mehrerer Könige, Jon Schnee vom Bastard zum Lordkommandanten der Nachtwache und schließlich zu Aegon Targaryen, dem legitimen Thronerben der Sieben Königslande. Und sogar das Wildlingsmädchen Goldy lernt lesen – und entdeckt prompt eines der wichtigsten Geheimnisse der Serie.

Erzähltechnisch interessant ist nicht die soziale Statik, sondern ihre Dynamik: So finden vor dem Hintergrund einer eigentlich immobilen Gesellschaft kometenhafte Aufstiege und Abstürze statt. Interessant ist eben die Fallhöhe! Auch die Ausarbeitung der Figuren in »Grautönen« trägt zum Erfolg bei: An die Stelle strahlender Helden und sinisterer Schurken tritt die differenzierte Schilderung menschlicher Charaktere. Auch in der Fantasy, so George R. R. Martin, müssten die Figuren realistisch sein. Er glaube nicht, dass jemand morgens zu sich selbst sagen würde: »Oh, ich bin ein Bösewicht, welche böse Tat kann ich heute begehen?« Die Wandlungen der Figuren von stark zu schwach, von »böse« zu »gut« und rückwärts sorgen für Spannung und Identifikationsmomente.

Hinsichtlich der Charakterentwicklung führt sicher Jaime Lennister die Liste an: Als Königsmörder und Eidbrecher »A Man Without Honor«, als Verbrecher, der mit lockerem Kommentar (»The things I do for love«) ein Kind einen Turm hinabstößt, ein Monstrum, und als notorischer Inzestler ein Tabubrecher, wird Jaime langsam zu einem Mann, dem Ehre und Eide doch etwas bedeuten und der sich zu dem Ritter wandelt, den er in seiner schimmernden Rüstung bislang nur äußerlich dargestellt hat. So rettet er – nach Verlust seiner Schwerthand einarmig! – Brienne aus einer Arena, in der sie (eines der furchtbarsten Bilder der Serie!) in rosa Frauenkleidern mit einem Holzstock gegen einen Bären kämpfen muss.

Auch Sandor Clegane (Rory McCann), der »Bluthund« oder nur »Hund« genannte Leibwächter des Königs, durchläuft eine *éducation sentimentale*. Als Kind wurde er entstellt; sein Bruder hatte sein Gesicht in die Glut des Kamins gedrückt. Grund: Sandor hatte mit Gregors Spielzeug gespielt. Zur Konfrontation der Brüder kommt es während des Turniers anlässlich der Ernennung von Ned Stark zur Hand des Königs: Der »Berg« genannte Gregor verliert aufgrund eines Tricks seines Kontrahenten Loras Tyrel die Kontrolle über sein Pferd und stürzt. Er enthauptet daraufhin sein Pferd und stürzt sich mit selbigem Ansinnen auf seinen Gegner. Sandor verhindert dies – und wird dafür von Loras zum Turniersieger erklärt und vom Publikum gefeiert.

Solche Ehren widerfahren ihm normalerweise nicht. Immer grimmig, macht er auch Sansa Stark Angst, die anfangs in Joffrey verliebt, dann zunehmend von ihm gepeinigt am Hofe lebt. Obwohl Sandor als unverbesserlicher Zyniker en passant manche Wahrheit ausspricht (»Ritter sind Mörder«), rettet er die von ihm als »Kleiner Vogel« Verspottete mehrfach vor Joffreys Brutalität. Als der vom Feuer Traumatisierte das Seefeuer sieht, desertiert er – kurze Ansage an Joffrey: »Ich scheiße auf König und Stadt« – und bietet Sansa an, sie nach Winterfell zu bringen. Sie lehnt aus Angst ab. Unterwegs nimmt Sandor ihre kratzbürstige Schwester Arya gefangen. Eigentlich nur am Lösegeld interessiert, kehrt er auf ihrer Reise auch seinen Beschützerinstinkt heraus. Unterwegs wird er in einem Zweikampf mit Brienne schwer verwundet. Eigentlich wähnte man den alten Haudegen schon tot, aber in der Folgestaffel sieht man ihn die Axt schwingen, um Holz für den Bau einer Septe zu hacken. Eine Glaubensgemeinschaft hatte ihn gerettet, Sandor revanchiert sich durch Einsatz seines handwerklichen Könnens. In seiner Abwesenheit werden die Gläubigen abgeschlachtet. Vorbei ist es mit seiner Friedfertigkeit – die Axt in der Hand, zieht er aus, um Rache zu nehmen. Sandor will es trotz guter Anlagen kaum gelingen, ein menschenfreundliches Leben zu führen: Zutiefst verletzt, wird er von Rachewünschen getrieben, und mit ihm wünschte und bekam das Publikum schließlich den Cleganebowl – den Bruderkampf Hund gegen Berg.

An Tragik wird dieser Publikumsliebling allerdings noch durch Theon Graufreud überboten. Der Sohn von Balon Graufreud, seines Zeichens Herrscher über die Eiseninseln, wurde – je nach Sichtweise – als Geisel bzw. Mündel auf Winterfell erzogen, nachdem sein Vater eine Rebellion angezettelt und verloren hatte. Theons Entwicklung ist ein Meisterstück psychologischer Figurengestaltung. Unsicher, auf welche Seite er gehört, ohne eigene Identität, die sich in dieser Feudalgesellschaft aus der Zugehörigkeit zu einer adeligen Familie ergibt, begeht er in seiner Suche nach Anerkennung einen Fehler nach dem anderen. Als Robb Stark in den Krieg zieht, reist Theon mit der Intention, seinen Vater zu einer Koalition zu bewegen, auf die Eiseninseln. Doch macht ihm Balon schnell klar, dass er ihn zutiefst verachtet: In himmelschreiender Ungerechtigkeit wirft er ihm das Leben bei den Starks vor, das ihn seiner Familie und der Kultur der Eiseninseln entfremdet habe. Tatsächlich hat George R. R. Martin die Eisenmänner teilweise Wikingerkulturen nachgebildet; sie unterscheiden sich in ihrer Religion (geehrt wird der Ertrunkene Gott) und Gebräuchen (Hausmotto: »Wir säen nicht!«) von den anderen Westerosi. Als Gipfel der Demütigung erläutert Balon seinem Sohn, dass Theons Schwester Asha mit einer Armada von Schiffen die Küste überfallen wird, derweil er mit nur einem lausigen Schiff Fischerdörfer plündern soll. Doch Theon überfällt stattdessen mit einer List das zurzeit nur wenig bemannte Winterfell und erklärt sich zum Herrscher.

Die Ehre währt nicht lange, wird er doch kurz darauf von dem um einiges listigeren Ramsay Bolton (Iwan Rheon) gefangen und über viele, wirklich sehr viele Episoden gefoltert. Schließlich ist Theon Ramsays Kreatur geworden, gebrochen bezeichnet er sich selbst mit dem Namen, den sein Folterer ihm gegeben hat: Stinker. Doch auch das ist nicht das Ende dieser Figur, die schließlich ihr letztes bisschen Würde zusammenkratzt und, anfangs zögerlich und ängstlich, immer mutiger wird, um schließlich einen Heldentod zu sterben – und als Mitglied der Familie Stark beerdigt zu werden.

## Schwärzer als grau

Neben den wandlungsfähigen und ambivalenten Charakteren gibt es auch extreme Figuren, die unrettbar böse sind – und die das Publikum inbrünstig hasst (und in manchen Fällen irgendwie doch mag). Angeführt wird die Liste der übelsten Figuren vom sadistischen Psychopathen Ramsay Bolton, der es genießt, seine Opfer mit Hunden zu jagen, sie zu häuten oder, wie im Fall des von ihm festgesetzten Theon Graufreud, häppchenweise zu filetieren und zu kastrieren. Auch König Joffrey ist schon in jungen Jahren ein Sadist, der Menschen quält, erniedrigt, sogar ermordet. Jack Gleeson spielt ihn so genial widerlich, dass George R. R. Martin schrieb: »Glückwunsch, alle hassen dich!«

Lord Baelish ist der ungeschlagene Meister im Intrigieren, Lügen und Missbrauchen von Vertrauensbeziehungen. Er hatte den Kampf um den Thron initiiert, als er die in ihn verliebte Lysa Arryn dazu brachte, ihren Mann, die Hand des Königs, zu vergiften und die Lennisters der Tat zu beschuldigen. Später heiratet er Lysa – und stößt sie bei erstbester Gelegenheit durch das berühmt-berüchtigte Mondtor, eine Hunderte Meter über dem Erdboden befindliche Öffnung in der Großen Halle von Burg Hohenehr. So spart man sich hier traditionell den Henker – und Kleinfinger den Scheidungsanwalt.

Dieser ewig lächelnde, elegante Höfling, der niemals selbst zu körperlicher Gewalt greifen würde, hat sein Gegenstück im hünenhaften Ritter Ser Gregor Clegane. Dieser ist nichts weiter als eine dumpfe, brutale Kampfmaschine. Er wurde von drei verschiedenen Schauspielern gespielt, zuletzt von Hafþór Júlíus Björnsson, einem Isländer, der 2018 zum World's Strongest Man gekürt wurde. Der unproblematische Wechsel zeigt, dass diese Figur vorrangig durch Physis zu überzeugen hat. Wahrscheinlich schon ein Vater-, Schwester- und Dienermörder, krönte Gregor seine Untaten während Roberts Rebellion durch die Vergewaltigung und Ermordung von Elia Targaryen, nachdem er ihren Sohn ebenfalls umgebracht hatte. Diese Verbrechen blieben ungesühnt – ein Skandalon in einer auf Ehre und Rache basierenden Gesellschaft. Schließlich fordert Elias Bruder, Oberyn Martell (Pedro Pascal) Gregor zum Duell. Der zu selbstsichere Oberyn unterliegt zwar letztlich – stilecht zerquetscht ihm Clegane den Kopf –, hatte vorher aber Clegane dermaßen provoziert, dass dieser seine Verbrechen öffentlich gesteht. Vor allem aber hat er ihn durch Lanzenstiche vergiftet. Clegane wird durch Cerseis ebenfalls sehr abgründige Hand, den unehrenhaft entlassenen Maester Qyburn (Anton Lesser), »gerettet« und mutiert endgültig zu dem seelenlosen Zombie, der er eigentlich schon immer war.

Der Pirat Euron Graufreud (Pilou Asbæk), der als Brudermörder erst spät, dann aber umso machtgieriger die Handlung betritt, ist ein spätpubertärer Charakter, dem die Amoralität

Einige Schauspieler und Crew-Mitglieder gemeinsam mit dem Autor bei der Emmy-Verleihung 2016 (Staffel 6) in L. A. – von links nach rechts: Chris Newman (Producer), Frank Doelger (Producer), George R. R. Martin, Conleth Hill (Varys), David Benioff (Executive Producer), Iwan Rheon (Ramsay Bolton), Hannah Murray (Goldy), Gwendoline Christie (Brienne von Tarth), D. B. Weiss (Executive Producer), Nikolaj Coster-Waldau

seines Handelns offenbar große Lust bereitet. Seine Biographie liest sich wie eine Parodie auf die *Odyssee*: Nach Balon Graufreuds Rebellion bereiste er plündernd die Weltmeere und verlor dabei im Jademeer während eines Sturmes den Verstand. Um zu verhindern, dass er über Bord springt, fesselte ihn die

(Jaime Lennister) und vor ihm Peter Dinklage (Tyrion Lennister), Maisie Williams (Arya Stark), Bryan Cogman (Drehbuchautor), Emilia Clark (Daenerys Targaryen), Miguel Sapochnik (Regisseur), Sophie Turner (Sansa Stark), Kit Harington (Jon Schnee), Greg Spence (Producer), Carolyn Strauss (Producer), Rory McCann (der Hund), Guymon Casady (Producer), Bernadette Caulfield (Producer)

Mannschaft – wie weiland Odysseus – an den Mast seines Schiffes. Odysseus wollte die verführerischen und den Verstand einlullenden Sirenenklänge zwar hören, ihnen aber nicht erliegen. Der irre Euron hingegen ließ, kaum vom Mast gebunden, seinen Männern die Zungen herausschneiden, um Stille zu haben. Vielleicht hört er ja die Sirenenstimmen des Todes, die ihm befahlen, über Bord zu gehen, *in seinem Kopf?* Dies würde jedenfalls zu Asbæks Verständnis des von ihm gespielten Charakters passen, wie er dem Magazin *Empire* erläuterte: »Die Psychos, denen ich begegnet bin, haben so viele verschiedene Gesichter. Für jede Szene mit Euron habe ich deshalb eine neue Sache herausgesucht, die ich zeigen will: ›In dieser Szene will ich charmant sein.‹ ›In dieser Szene will ich ein Störenfried sein.‹ ›In dieser Szene will ich jemanden töten.‹« Als Überlebender seines eigenen Wahnsinns gibt sich Euron jedenfalls gerne als Sexbombe; gekleidet ist er in einer Art coolem Biker-Look.

Während die extremen Figuren beim Zuschauer auch extreme Gefühle provozieren – so freute sich das Publikum unverhohlen, als Ramsay schließlich von seinen eigenen Hunden zerfleischt wurde –, erzeugen die graustufigen, moralisch schwankenden und sich wandelnden Figuren Neugier: Wie werden sie sich entwickeln? Da Filme, anders als die Literatur, schlecht Einblicke in das Innenleben der Figuren vermitteln können (zum Beispiel einer Person, die sehr gut lügt), entschlossen sich die Serienmacher, die Protagonisten auch durch bestimmte wiederkehrende Konstellationen zu charakterisieren. Diese ermöglichen nicht nur ein vertieftes Verständnis der jeweiligen Figur, sondern erlauben auch spaßige Szenen, da eine Dynamik zwischen den Protagonisten entsteht, die bestimmten Ritualen folgt.

Zu den Publikumsfavoriten dieser *odd couples* gehört das Gespann Tyrion/Varys. Beider Verstand ist messerscharf, die Rhetorik geschliffen, ihr größtes Vergnügen ist der Austausch charmanter Bissigkeiten. Als Sidekick für Tyrion fungiert zudem Bronn. Im verbalen Schlagabtausch zählen hier weniger feinziselierte Argumente als vielmehr Zynismen, Sottisen und derbe Witze. Die beiden verstehen sich prächtig – und wenn der beinharte Söldner nicht im Gerichtsduell gegen Gregor Clegane antreten will, um Tyrions Unschuld zu beweisen, so zeigt er für seine Verhältnisse direkt Gefühle: »Ich mag dich. Aber mich mag ich mehr.«

Ebenfalls zu den Fanfavoriten zählen Arya und der Hund. Wie Tyrion und Varys reisen auch sie mehrfach zusammen, zeitweise gemeinsam auf einem Pferd. Und sie spiegeln einander: widerborstig, maulfaul, eiskalt, wenn es um das Killen eines Gegners geht, aber auch unerwartet gutherzig und gerecht. Diese Konstellation – junges Mädchen, älterer Killer – ist ein Filmklassiker. Aryas Seelenverwandte sind die vierzehnjährige Mattie Ross aus *True Grit*, die einen Killer anheuert, um den Mord an ihrem Vater zu rächen, und die zwölfjährige Mathilda in *Léon – Der Profi*, die einem Killer einen Deal anbietet: Er bildet sie aus, sie macht den Haushalt und bringt ihm Lesen und Schreiben bei (wie das kluge Mädchen Sharin Baratheon dem ehemaligen Schmuggler Ser Davos). In *Wer ist Hanna?* tritt das Killermädchen in die Fußstapfen des Vaters, der ihr das Töten beibringt. Dieses väterliche Verhalten legt auch Sandor an den Tag, so dass sich zwischen Arya und ihm eine Art Beziehung entwickelt. Als Brienne Sandor schwer verwundet, bittet er Arya inständig, ihn zu töten – und tatsächlich steht er ja auf ihrer Todesliste. Doch Arya lässt ihn nach längerem Nachdenken einfach liegen: Um sich zu rächen und ihn länger leiden zu lassen oder weil sie ihn einfach nicht mehr töten will – diese Frage treibt die Fans der Serie bis heute um.

Eine weiteres *odd couple* bildet die als Junge verkleidete Arya mit Tywin Lennister, als sie ausgerechnet diesem kurzzeitig als Mundschenk dient: Die Spannung bei dieser Paarung geht davon aus, dass beide Figuren listig agieren. Die Freundschaft zwischen dem Zwiebelritter und Sharin Baratheon (Kerry Ingram) hingegen basiert auf beider Herzensgüte: Obwohl sie kein leichtes Schicksal haben – sie ist mit Grauschuppen geschlagen, er verlor seinen Sohn und vier Fingerkuppen –, zählen beide zu den menschenfreundlichsten Figuren und Davos' Leseunterricht bei Sharin zu den heitersten Momenten der Serie. Mit dem Gespann Brienne/Podrick fühlt man sich hingegen gelegentlich an Slapstick erinnert. Brienne hat Podrick (Daniel Portman) nur unfreiwillig als Knappen akzeptiert und korrigiert unentwegt seine höfliche Anrede – »Ich bin keine Lady!« –, während er mit dem Schwert derart unbeholfen agiert, dass sich die Fans fragen, wie man so schwer von Begriff sein kann. Zweite Frage: Wie würde die tugendhafte Brienne reagieren, wenn sie erführe, dass Podrick offenbar über magische Sexfähigkeiten verfügt?

Und wo man schon beim Thema ist … Jaime und Brienne gaben zu den schönsten Hoffnungen Anlass. Viel wurde über ihre Beziehung spekuliert, wissenschaftliche Beiträge über ihre *romance* verfasst. Ausgerechnet der bis dato amoralistischste Mann in Westeros, der nur eine Frau, seine ruchlose, attraktive Zwillingsschwester liebt, entwickelt ein Herz für die Frau, die als hässlich gilt, aber am ritterlichsten ist. Nicht zuletzt durch ihre Gegenwart wandelt sich Jaime vom Zyniker zum

Ritter. Er erzählt ihr – nackt im gemeinsamen Bad! – warum er, der auch von ihr verächtlich »Königsmörder« genannte, einst den Herrscher umbrachte, den zu schützen er geschworen hatte: Der Irre König hatte ihm befohlen, seinen eigenen Vater umzubringen, und die Pyromantiker angewiesen, Königsmund abzufackeln. Er habe also Abertausenden Menschen das Leben gerettet. Nach seiner Konfession bricht er in Briennes Armen zusammen – in Szene gesetzt als hübsche, kleine Pietà-Pose – und besteht darauf, sein Name sei Jaime.

Von da an sieht ihn Brienne mit anderen Augen und spricht ihn nicht nur mit seinem Namen, sondern auch mit Titel an: SER *Jaime was back*! UND DANN KAM TORMUND! Der Wildling verliebt sich auf der Stelle in die stattliche Brienne und macht ihr schöne Augen – zur Erheiterung der Fans nicht nur metaphorisch. Briennes entgeisterter Gesichtsausdruck trug ebenfalls sehr zum Amüsement bei. Dass »Brimund« bzw. »Tormienne« einen erotisch-komischen Touch erhielt, verdankt sich der Improvisationslust der Schauspieler, allen voran von Kristofer Hivju, der Gwendoline Christie ohne Regieanweisung anschmachtete. Wie die Schauspielerin in der Show *Late Night with Seth Meyers* verriet, bleibt Hivju auch nach dem Dreh gern in seiner Rolle: »Er fängt dann an, genüsslich auf seinem Sandwich herumzukauen, während er mich anstarrt, als würde er mit dem Sandwich Liebe machen.« Bilder, die man so schnell nicht mehr loswird.

## Sexpositions – Lust und Gewalt

George R. R. Martin hat eine Reihe beeindruckender, eigenwilliger und starker Frauenfiguren geschaffen, und nicht wenige lernen wir im Verlauf der Serie auch nackt kennen. Entblößte Körper und Sex sind in der High Fantasy *grundsätzlich* nicht selbstverständlich – erinnert sei an die wahrlich keuschen Heldinnen und Helden in Tolkiens *Herr der Ringe*. Sexuelle Wünsche und Ängste haben ihren Platz eher in der Low Fantasy und im Horror, wo man entweder Conan der Barbar heißt oder diese durch Werwölfe, Vampire und ähnliche Kreaturen repräsentiert werden. Entsprechend debattierte die Leserschaft bereits anhand der Vorlage *Ein Lied von Eis und Feuer* im Internet über die Rolle der Sexualität in diesem Epos, da George R. R. Martin hier sämtliche Genregepflogenheiten außer Kraft setzt und Sex in vielerlei Facetten beschreibt. Dass sich HBO, ein Sender, der für *sehr explizites* Fernsehen steht, der Verfilmung annahm, erscheint nur folgerichtig.

HBO versteht sich als Vorkämpfer für Quality Television – zu Recht, hat man doch stilbildende Serien wie *Sex and the City*, *The Wire* oder *The Sopranos* produziert. Nacktheit, Sex und Gewalt sind dabei zu Markenkernen des Senders avanciert, dessen Motto nicht zufällig »It's not TV. It's HBO« lautete. Der

Unterschied: Sender des Free-TV wie ABC, NBC oder Fox werden von der Federal Communications Commission (FCC) überwacht, damit ihre Angebote nicht gegen den Anstand (heißt: weder Nacktes noch Vulgäres) verstoßen, die über Werbekunden finanzierten Kabel- und Satellitensender praktizieren Selbstzensur, während HBO als Pay-TV einzig von der Gunst der zahlenden Zuschauerschaft abhängig ist. Naturgemäß möchte diese auch Bilder geboten bekommen, die das »zensierte« Fernsehen nicht zeigt. Die Nackt- und Sexszenen – nicht selten gewalttätiger Natur – in *Game of Thrones* repräsentieren in diesem Kontext das »erwachsene« Fernsehen des amerikanischen Pay-TV; Showrunner und weite Teile des Publikums verstehen diese Gehalte als realistisches Fernsehen, das »die Dinge zeigt, wie sie sind«. Doch wie weit darf das gehen? Und wie sind die Dinge denn?

Dass die in *Game of Thrones* dargestellten Gesellschaften und Kulturen sämtlich patriarchal geprägt sind und damit etliche Zumutungen für die weiblichen Figuren bereithalten, kann kaum verwundern. Die Frage ist vielmehr, ob die Serie *selbst* sich an der Frauenverachtung beteiligt und diese ausbeutet, oder ob sie als künstlerisches Produkt eine kritische Position einnimmt bzw. ermöglicht.

Zunächst die, nun ja, nackten Zahlen und Fakten: Wie das Magazin *Broadly US* am Ende der siebten Staffel errechnete, wurde in der Serie erheblich öfter weibliche als männliche Haut gezeigt. (Es half da nicht wirklich, dass die immer sehr lustige Emilia Clarke mit »Free the P!« in einer Talkshow mehr Geschlechtergerechtigkeit an der Nacktfront forderte.) Dies gilt vor allem für die erste Staffel, in der 88 Prozent der Nackten Frauen waren – offenkundig »Eye Candy«. Vom Druck, einen solchen zu produzieren, berichtete Neil Marshall, Regisseur der Episode »Blackwater« (»Schwarzwasser«): Er wurde von den Produzenten aufgefordert, die Figuren »full-frontal« zu zeigen. Auch der sogenannte Bechdel-Test, der die Geschlechterklischees in einem Film misst, brachte ein trauriges Resultat: In Staffel 4 wurden die Kriterien, die festlegen, dass Frauen wenigstens halbwegs angemessen repräsentiert werden, *von keiner Episode* erfüllt. In den anderen Staffeln sah es etwas besser aus.

### Der Bechdel-Test

1. Der Film muss mindestens zwei weibliche Charaktere enthalten, die auch einen Namen haben.

2. Die Frauen müssen ein Gespräch miteinander führen (ein kurzer Zuruf zählt nicht).

3. Das Gespräch darf sich nicht um einen Mann drehen.

In diesem Kontext prägte der Filmkritiker Myles McNutt 2011 den Begriff »Sexposition«. Mit diesem schönen Wortspiel ist keine sexuelle Praktik oder Stellung gemeint. McNutt verband vielmehr »Sex« und »Exposition«, um zu analysieren, ob die gezeigten Sexszenen der reinen Schaulust dienten oder ob sie Informationen über die Figuren und ihre Motive lieferten. Er entwickelte den Terminus anhand einer Szene, in der die Prostituierten Ros und Armeca (Sahara Knite) in Petyr Baelishs Bordell den Umgang mit ihren Kunden trainieren: Kleinfinger greift – verbal – ein und erläutert den Frauen, dass die Freier durchaus *wüssten*, dass es sich um Prostitution handele und dass ihnen eine Show gegen Bezahlung geboten würde.

Ihre Aufgabe sei es deshalb, den Kunden *wider besseres Wissen* davon zu überzeugen, dass er *wirklich etwas Besonderes* sei und sie, die Frauen, ihr Tun genießen – schließlich glaube jeder Mann im tiefsten Innern, sexuell Außergewöhnliches zu leisten (ein Phantasma, das dann ausgerechnet der bescheidene Knappe Podrick bei seinem ersten, von Tyrion spendierten Sex mit Prostituierten erfüllt). Genauso sei, so McNutt, Ned Stark im Verlauf der Staffel »verführt« worden, entgegen seinen Instinkten Petyr Baelish zu vertrauen. McNutt wertete diese Szene als selbstreflexiv, denn sie liefere zudem eine Fiktionstheorie: Auch die Zuschauer wissen, dass alles nur Show ist, aber auch sie wollen verführt werden und das glauben, was sie sehen.

## Grenzen der Gewalt

Zwar wurde auch die Häufigkeit der Sexszenen moniert, kritisiert wurde aber vor allem die Gewalt gegen und die Vergewaltigungen von Frauen, die in der Serie konstant vorkommen. Sie finden im Zuge kriegerischer Geschehen oder Raubzüge statt, immerhin einmal gestoppt durch Daenerys, die den Männern ihres Khalasars befiehlt, das Vergewaltigen der Lhazareen-Frauen zu beenden. Damit schwächt sie prompt die Position ihres Mannes Khal Drogo, da, so wird ihr erklärt, das Vergewaltigen fremder Frauen nun mal zur Kultur der Dothraki gehöre. Wie auch zu derjenigen der Eiseninseln. Auch hier will Daenerys aufräumen, als sie ihre Allianz mit Asha Graufreud nur unter der Bedingung eingeht, dass die von ihr angeführten Eisenmänner nicht mehr plündern, brandschatzen, morden und vergewaltigen. Doch nicht nur im Krieg oder bei

Überfällen werden Frauen Opfer sexueller Gewalt, so ist der Wildling Craster (Robert Pugh) ein Serienvergewaltiger, der seine Töchter heiratet und missbraucht, – und als die meuternden Männer der Nachtwache ihn ermorden, vergewaltigen sie die Frauen ebenfalls.

Schockierend ist, dass auch Frauen diese Gewalt einsetzen. Wieder in Freiheit, rächt sich Cersei an Septa Unella (Hannah Waddingham), die sie während ihrer Einkerkerung gedemütigt hatte, indem sie die Nonne mit dem monströsen Gregor Clegane in die Zelle sperrt: »Er ist jetzt Euer Gott«.

Es waren insbesondere drei Szenen, die zu heftigen Debatten und zur Abwanderung von Publikum und Kritikerinnen führten (so stellte das feministische Geek-Magazin *The Mary Sue* die Berichterstattung über *Game of Thrones* ein): Bereits die erste Episode der ersten Staffel wartete mit der Hochzeitsnacht von Daenerys und Khal Drogo abweichend von der Vorlage mit einer brutalen Vergewaltigung auf – vor romantischem Sonnenuntergang. Das einzige Wort, das Khal Drogo mehrfach spricht, scheint fast ironisch: »Nein.« Später vergewaltigt Jaime Cersei an der Totenbahre ihrer beider Sohn Joffrey – wieder in Abweichung vom Buch, in dem sich der Sex einvernehmlich vollzieht. Die Serie verschärfte in beiden Fällen also die sexuellen Gewaltverhältnisse. Doch wozu? Die Szenen brachten weder die Story voran noch lieferten sie neue Informationen. Vor allem blieben sie folgenlos. Weder Drogo noch Jaime bereuten ihr Handeln, die Geschichte ging weiter, als sei nichts geschehen. Sansa Stark – der dritte, heftig diskutierte Fall – wird durch Ramsay Bolton in ihrer Hochzeitsnacht vergewaltigt, und sein Folteropfer Theon wird zum Zusehen gezwungen. Hier ist die Abweichung vom Buch am größten: In der Vorlage heiratet aufgrund einer anderen Plot-Entwicklung nicht Sansa Ramsay, sondern ihre Freundin Jeyne Pool. Diese Änderung wirkte sich auf die Rezeption aus. Sansas Emanzipation und ihr Weg zur Herrin von Winterfell, der sich in dieser Staffel abzuzeichnen beginnt, wird nun von Theon abhängig. Das Interesse richtet sich damit nicht mehr vorrangig auf Sansa, sondern auf die männliche Figur: Wird Theon Sansa helfen und den Mut zur Flucht aufbringen, oder ist er endgültig gebrochen?

*Game of Thrones* wurde vorgeworfen, Teil einer Rape Culture zu sein, einer kulturellen Praxis, die Vergewaltigungen und Gewalt gegen Frauen verharmlose. Sollten derartige Szenen sadistische Neigungen der Zuschauer befriedigen und zugleich das Leiden der Opfer bagatellisieren? Symptomatisch scheint hier der misslungene Scherz von Jason Momoa auf der San Diego Comic-Con 2011, für den er sich später entschuldigte: »Ich liebe dieses Genre, weil es so viele Dinge gibt, die du machen kannst, wie in etwa jemandem die Zunge herauszureißen und damit davonzukommen und schöne Frauen zu vergewaltigen.« Die Proteste der Fans zeitigten jedenfalls Resultate, denn sowohl die Anzahl der Nacktszenen als auch vor allem die der Vergewaltigungen ging markant zurück, in Staffel 6 und 7 gab es keine mehr.

## Butterfly Effects

Auch George R. R Martin sah sich angesichts des Bombardements mit Fanpost und Mails zu Klarstellungen gezwungen. Auf seinem Blog verwies er darauf, dass es seit der ersten Folge Unterschiede zwischen Buch und Serie gebe, und sprach von einem »Butterfly Effect«: Kleine Veränderungen führten zu größeren und diese dann zu noch größeren bis riesigen. Aber alle – die Showrunner und er als Autor – seien doch bemüht, beste Arbeit abzuliefern! Diplomatisch formuliert. Auch in einem Interview mit der *New York Times* erläuterte er seine Sicht der Dinge: Als Künstler sei er der Wahrheit verpflichtet. Obwohl er Fantasy schreibe, seien seine Werke in der Realität verwurzelt, und es habe in Kriegszeiten immer sexuelle Gewalt gegeben. Diese herauszuhalten hätte das Grundthema seiner Bücher untergraben: Das wahre Grauen komme eben nicht von irgendwelchen Orks und Dark Lords, sondern von uns – »Wir sind die Monster.«

Martin kann sich hier auf historische Studien berufen. Historikern zufolge kannten alle Zeiten Vergewaltigungen von Frauen; es gebe keine Anzeichen, dass diese Gewalttaten im Mittelalter häufiger geschehen seien als heutzutage. Die Strafen waren aber andere – zumeist finanzieller Natur –, und nicht jede Vergewaltigung wurde zur Anzeige gebracht, da nur die Frauen klagen konnten, die in den Augen ihrer Mitbürger über Ehre verfügten. Prostituierte hatten per definitionem keine Ehre zu verlieren und konnten deshalb kein Gerichtsverfahren anstrengen. Auch hing das Strafmaß vom sozialen Rang des Täters ab. Nichtsdestotrotz galt Vergewaltigung auch im Mittelalter als schweres Verbrechen. In Kriegszeiten war dies anders. Wie heute wurden die Frauen der besiegten Gruppe zur Beute.

Die Serie setzt aber ein *fiktives* Mittelalter in Szene, die Reaktionen der Fans erklären sich deshalb nicht allein aus dem Wissen um historische (Un-)Genauigkeiten. Wenn auch immer wieder auf den geschichtlichen Hintergrund verwiesen wurde, so zählte vor allem der literarische – die Veränderungen, die die Serie gegenüber den Büchern vornahm. Die Fans akzeptierten, dass Jaime mit seiner Schwester Inzest begeht, ein Kind leichthändig ermorden will und seinen Eid gebrochen hat, aber sie wollten partout keinen Vergewaltiger in ihm sehen. Zum einen lief das seiner – an die unerschütterlich ritterliche Brienne geknüpften – positiven Charakterentwicklung entgegen, zum anderen, so haben Studien gezeigt, wollen sich Zuschauer grundsätzlich nicht mit einem Vergewaltiger identifizieren. Sexuelle Gewalt im Film hat deshalb immer auch eine erzählerische und rezeptionsästhetische Funktion. Sie dient dazu, die anderen Protagonisten (noch) heller strahlen zu lassen, und in Rape-and-Revenge-Filmen ganz speziell zur Legitimierung von Gewalt.

## Torture Porn

Das Vergewaltigung-und-Rache-Motiv findet sich auch in *Game of Thrones*. Cerseis Bestrafung von Septa Unella stellt es auf den Kopf – Vergewaltigung *als* Rache –, und nicht nur das ehemalige Opfer Sansa, sondern auch etliche Zuschauer haben es genossen, dass Ramsay sein angemessen schreckliches Ende findet, wenn sie seine eigenen Hunde auf ihn hetzt: »treue Tiere«, wie er hofft. Wohl nicht, wenn sie eine Woche nicht gefüttert wurden. Anders ging es aber offenbar nicht, wie Nina Huber und Stefan Servos in ihren Therapievorschlägen für die übelsten Charaktere in *Game of Thrones* feststellen: »Während bei allen anderen Figuren der Erzählung gezielte und langjährige Therapiesitzungen auf dem Sofa vermutlich wirklich hätten helfen können, sind bei Ramsay Bolton alle Hoffnungen vergebens. Nur eine lebenslange Unterbringung in einer psychiatrischen Klinik wäre seinem Verhalten angemessen gewesen.

# So viele Todesarten und Tötungsmittel –
# — erinnern Sie sich noch an alle? —

In *Game of Thrones* kann man natürlich in einer der vielen Schlachten oder in einem Duell sterben. Doch für etliche Charaktere hält das Schicksal andere grausame Todesarten bereit. Aber wer starb wodurch?

**TODES ARTEN**

❶ Drachenfeuer
❷ Vergifteter Wein
❸ Nachtkönig
❹ Dolch
❺ Katapult/»Skorpion«

❻ Enthauptung
❼ Faceless-Men-Taktik
❽ Erdrosselung
❾ Pfeil
❿ Hunde
⓫ Eber
⓬ Häuten
⓭ Drachenglas

⓮ Armbrust
⓯ Vergifteter Lippenstift
⓰ »Langer Abschied«
⓱ Flüssiges Gold
⓲ Opferung
⓳ Dämon /»Schatten«
⓴ Verschüttung
㉑ Blutzauber

㉒ Ersticken
㉓ Sturz
㉔ Zerquetschen des Kopfes
㉕ Seefeuer
㉖ Erhängen
㉗ zu Pastete verarbeitet
㉘ Kreuzigung
㉙ Eisspeer

(23) Balon Graufreud
◯ Catelyn Stark
◯ Cersei Lennister
◯ Daenerys Targaryen
◯ der Dreiäugige Rabe
◯ der Hohe Spatz
◯ desertierter Grenzer aus Folge 1
◯ Dickon Tarley
◯ die Weißen Wanderer
◯ Doran Martell
◯ Gregor Clegane
◯ Jaime Lennister
◯ Joffrey Baratheon
◯ Jon Snow, vor der Wiederbelebung
◯ Khal Drogo
◯ Lancel Lennister
◯ Loras Tyrell
◯ Lysa Arryn
◯ Maes Tyrell
◯ Manke Rayder
◯ Margaery Tyrell
◯ Missandei
◯ Myrcella Baratheon
◯ Nachtkönig
◯ Ned Stark
◯ Nymeria Sand
◯ Oberyn Martell
◯ Olenna Tyrell
◯ Petyr Baelish

◯ Ramsey Bolton
◯ Randyll Tarley
◯ Renly Baratheon
◯ Rhaegal
◯ Rhaego, der ungeborene Sohn von Daenerys
◯ Rickon Stark
◯ Robb Stark
◯ Robert Baratheon
◯ Roose Bolton
◯ Sally, die Bauerstochter
◯ Sandor Clegane
◯ Sansas Fluchthelferin
◯ Shae
◯ Sharin Baratheon
◯ Sklaven in Essos
◯ Söhne Walder Freys
◯ Talisa Stark
◯ Tommen Baratheon
◯ Tyene Sand
◯ Tywin Lennister
◯ Varys
◯ Verschwörer auf der Mauer
◯ Viserion
◯ Viserys Targaryen
◯ Walda Bolton und ihr Baby
◯ Walder Frey
◯ Ygritte
◯ 163 Sklavenmeister

Die Auflösung finden Sie auf S. 100.

Die Lösung, die Sansa am Ende der sechsten Staffel für Ramsay wählt, wurde aber auch allgemein mit Wohlwollen begrüßt, auch wenn sich Ramsay den Einsatz von Therapiehunden vermutlich anders vorgestellt hat.«

*Game of Thrones* zeigt Gewalt in vielen Facetten: Neben den schon fast unspektakulär zu nennenden Todesarten wie Schwertkampf oder Kriegsschlachten kann man in Westeros und Essos auch durch Seefeuer, Scheiterhaufen, Drachen, Kreuzigung oder Dämonen sterben. Dass Gregor Clegane den Kopf von Prinz Oberyn zerdrückt, Joffrey mit seiner Armbrust auf ein lebendes Ziel schießt, Ramsay Frauen mit Hunden jagt und von diesen, ebenso wie seine Stiefmutter und deren neugeborenes Kind, zerfleischen lässt, hat immer wieder Fragen nach den Grenzen der Brutalität aufgeworfen. Insbesondere die sich über Episoden hinziehende Folter von Theon – er wird an ein Folterkreuz gebunden, geschlagen, Körperteile werden amputiert, er wird teilgehäutet und kastriert – rief bei etlichen Zuschauern nicht nur Abscheu, sondern auch schwere Irritationen hervor: Wozu sollte dieser Gewaltexzess gut sein, warum sollte man sich das antun? Gegenüber der Vorlage wird die Folter um eine Szene erweitert, in der zwei Frauen Theon in seiner Zelle besuchen und ihn sexuell stimulieren – bis Ramsay hinzutritt und Theon kastriert. Zwar wird die Kastration nicht gezeigt, sondern durch einen Schnitt auf den später eine Wurst essenden Ramsay mehr oder weniger geschmackvoll verdeutlicht, aber viele Zuschauer sahen in diesem Torture Porn die Grenzen der Gewalt überschritten. Die Szenen ließen den Zuschauer ratlos zurück, da sich Sinn und Zweck dieser Grausamkeiten nicht erschlossen.

Geht es um eine »Wiederkehr der Folter«? Wissenschaftliche Studien bringen die Folterszenen mit den schockierenden

Bildern aus Abu Ghraib, mit den Folterpraktiken der USA in irakischen Gefängnissen, in Guantánamo und anderen Geheimgefängnissen, aber auch mit Überlegungen hierzulande, Folter zur Rettung von Menschenleben einzusetzen, in Verbindung: Im US-Fernsehen stiegen Gewalt und Folter nach dem 11. September 2001 an. Serien wie 24 um den notorischen Weltenretter Jack Bauer oder das von Barack Obama sehr geschätzte *Homeland* inszenieren terroristische Bedrohungen und Folter als Mittel, diesen zu begegnen. Möglicherweise geht es in diesen Konfrontationen mit dem Grausamen um kathartische Effekte, die Überwindung von Angst und die Reinszenierung kollektiver Traumata. In Zeiten der MeToo-Debatte und der Pornographisierung der Gesellschaft einerseits und der Wiederkehr der Folter andererseits wird die Serie damit zu einer politischen Projektionsfläche, anhand derer ausgehandelt wird, was die Zuschauer bereit sind, sich zuzumuten, und wo es »zu weit geht«.

Der *Game of Thrones* charakterisierende Komplex aus Gewalt, Sex und Zuschauerlust spiegelt sich in der Hochzeitsnacht von Sansa und Ramsay als eine Szene, die Folter, Voyeurismus, Vergewaltigung vereint: Theon wird hier zum Alter Ego des Zuschauers. Diese Szene richtet sich auf geradezu perfide Weise an die Zuschauer, denn diese müssen – anders als Theon – das Ganze aktiv imaginieren: Die Vergewaltigung spielt sich zwar hörbar, aber unsichtbar außerhalb des Kamerablicks ab. Diese Szene ist eine Sexposition, die den Rahmen der Serie sprengt, indem sie ein Spiegelbild des – gebannten, leidenden, freudig erregten oder angewiderten – Zuschauers bietet.

## Die Regionen –
## Westeros versus Norden und Osten

Die Welt von *Game of Thrones* besteht aus einer atemberaubenden Anzahl von Landschaften, Städten, Kulturen, Religionen, Kulten, Traditionen und Bewohnern, von denen nicht alle menschlicher Natur sind. Die Handlung spielt auf den Kontinenten Westeros und Essos, die anderen Weltgegenden – etwa der Kontinent Sothoryos – werden nur erwähnt, wenn es um die Herkunft einzelner Figuren, geschichtliche Hintergründe oder Fabelwesen geht. Und obwohl es Unmengen an Informationen zu den Regionen dieser Welt gibt, die in Martins Werk, einem der Begleitbücher, auf der HBO-Homepage, dem *Game of Thrones*-Wiki oder in Fanforen nachgelesen werden können, so ist dieser Raum doch nicht zu Ende kartographiert, gibt es über seine letzten Ecken nur Vermutungen. Dies entspricht Martins Vorstellung eines Lebensraums, an dessen Rändern sich Unbekanntes und Wunderbares finden lasse: »Ich mag die Vorstellung, dass ferne Gegenden sagenhafte Orte sind und die Karten an den Rändern unklarer werden ... wie im wirklichen Leben. ›Hier gibt es Drachen‹ und all das.«

Die Regionen der bekannten Welt sind kulturell, klimatisch und geologisch sehr heterogen – dies zeigen die imposanten Landschaftsaufnahmen und wunderschönen Drehorte, die aufwendige und liebevoll gemachte Ausstattung der Figuren und Interieurs, die beeindruckenden visuellen Effekte und die für jede Weltgegend passend komponierte Musik. Die Stimmigkeit der Serie resultiert aus der Sorgfalt, mit der all diese Komponenten aufeinander bezogen wirken. So transportieren die Figuren in ihrer Kleidung Informationen über ihre Region, noch bevor sie ein Wort gesprochen haben. Michele Clapton, die mehrfach ausgezeichnete Kostümbildnerin der Serie, konzipierte gerade nicht irgendwelche Phantasiegarderoben, sondern fragte sich immer, wie die jeweiligen Bevölkerungsgruppen aufgrund der geologischen und klimatischen Gegebenheiten leben. In Winterfell beispielsweise treiben die Menschen nur wenig Handel, müssen ihre Waren im Umkreis von fünfzig Meilen beziehen und sind einem unwirtlichen Klima ausgesetzt. Die Bewohner des Nordens wurden von ihr deshalb in dunkle und relativ schmucklose Kleidung gehüllt; zum Schutz gegen die Kälte tragen sie dickes Leder und Wollsachen mit Pelz- und Fellbesatz. Die Starks lässt Clapton viel Blau tragen, um ihren herzlichen Charakter zu betonen – wobei das Blau von Sansa ein klein wenig kühler ist als das der anderen (generell baut sie zur Freude der Fans Hinweise auf Charakterentwicklung, Handlung und Beziehungen ein. Ein Beispiel: Joffrey Baratheon trägt bei seiner Hochzeit mit Margaery Tyrell eine Krone, in der das Herrschaftszeichen des Hauses Baratheon – der Hirsch – von Rosen – dem Herrschaftszeichen der Tyrells – umrankt und eingeschlossen wird: Zeichen der Verbindung beider Häuser und kleiner ironischer Hinweis, wie sich das Haus Tyrell die künftigen Machtverhältnisse vorstellt). Manche Stoffe, etwa für Soldaten und Bauern oder die Männer der

Nachtwache, wurden eigens gewebt und dann wieder zerschlissen, um sie realistisch aussehen zu lassen.

Dem hohen Norden sind die Farben Schwarz und Weiß verbunden. Die Männer auf der Mauer »nehmen das Schwarz« und schwören der Nachtwache Treue. Unterschiedliche Schwarztöne zeigen die Herkunft der Rekruten an: Manche haben bessere, manche schlechtere Kleidung. Die Nachtwache ist chronisch unterfinanziert, die einstmals stolze Institution – früher mehrere Tausend Mitglieder umfassend – ist auf unter tausend Brüder geschrumpft. »Der Norden vergisst nicht«, heißt es zwar immer wieder, doch das gilt nicht auf der Mauer, wo der gemeinsam vollzogene Schwur die Biographie der Neulinge löscht: Ob Ritter oder Bastard, ob in Flohloch geboren oder im Palast, alle Männer gelten nun als Brüder, sind Gleiche. Wie die Privilegien, so die Vergehen: Ob Mörder, Dieb oder Vergewaltiger, nach dem Eid sind alle Sünden vergeben. Ein Mann in Schwarz wird so weiß wie ein unbeschriebenes Blatt. Sieht man die auch als »Krähen« titulierten Männer in ihrer dunklen Kleidung durch die eisige, weiße Landschaft gehen, setzt sich dieses neue Ich auch farblich ins Bild.

Konträr zur nordischen Strenge verhält es sich in der Region Dorne: Im heißen Klima des Südens leben eher Hedonisten und Genießer in einer recht freizügigen Kultur. Da das Fürstentum Dorne als einzige Region auch Frauen an der Erbfolge beteiligt, herrscht hier auch eine fortschrittlichere Geschlechterpolitik. Leider wird dies durch die allzu lasziven, ständig hitzköpfig mit Dolchen und Peitschen herumfuhrwerkenden »Sandschlangen«, die Bastard-Töchter von Prinz Oberyn Martell, konterkariert. Der Kleidungsstil dieser Region ist von Indien inspiriert, es wird viel sandfarbene und leuchtende Seide getragen, die Stoffe sind luxuriöser, fließender und weicher;

Oberyn etwa trägt einen »feminin look in a very masculine way« (Michele Clapton).

Die Serie ist offen eklektizistisch: Historische und gegenwärtige Kulturen fungieren als großer Fundus, aus dem sich die Serienmacher bedienen, um ihre Welt plausibel und verstehbar zu gestalten. Für einen hohen Realitätseffekt sorgen dabei die Drehorte, die in zehn Ländern gefunden wurden: Viele der im Norden spielenden Szenen wurden in Nordirland gedreht, so der *cold open* mit den Weißen Wanderern im Tollymore National Park; und die kleine Hafenstadt Ballintoy Harbour wurde zur Eiseninsel. Die Location für Burg Winterfell bildete Doune Castle in Schottland, später »ergänzt« um das nordirische Castle Ward. Die Drehorte, darunter weitere in Island, Marokko, Malta, Griechenland, Kroatien und Spanien, bilden eine Welt, die realistisch wirkt, durch digitale Bearbeitungen aber auch überhöht und verfremdet, eben phantastisch wird.

Damit setzen die Serienmacher visuell das Werk Martins fort, der in der Gestaltung seines fiktiven Universums auf kulturhistorisch tradierte Bilder und Vorstellungen zurückgreift – manchmal deutlich, manchmal versteckt. Diese Verfahren erzeugen ein sehr dichtes Gewebe, in dem vieles bekannt und manches fremd und »anders« anmutet. Nicht zuletzt wird anhand der fiktiven geopolitischen Räume auch die Frage verhandelt, wer »wir« und wer »die Anderen« sind, und wo welche Grenzen verlaufen.

Das geopolitische Zentrum der bekannten Welt ist Westeros, wo die um Macht konkurrierenden Adelshäuser residieren, aber auch Essos gebietet mit der Eisernen Bank über einen machtvollen Akteur im Kampf um den Eisernen Thron und mit Daenerys' Eroberungszügen wächst auch die kriegsstrategische Bedeutung dieses Erdteils. Während Westeros, der Westen, und Essos, der Osten, nur durch die überwindbare Meerenge voneinander getrennt sind, ist der nördlichste Teil von Westeros durch die gigantische, durch den Einsatz von Magie als unüberwindbar konzipierte Mauer vom Rest des Kontinents abgeteilt. Dieses Bollwerk ist von zentraler Bedeutung für Martins Welt, in ihm hat sich der erste Inspirationsfunken für seinen Zyklus niedergeschlagen. Es hat seinen Ursprung in einer Reise, die der Autor 1981 unternahm und die ihn auch nach England an den Hadrianswall führte. Die Römer erbauten diese rund 113 Kilometer lange Mauer zum Schutz vor den ›Barbaren‹ aus dem Norden. Der Hadrianswall machte auf Martin – zumal er ihn bei Sonnenuntergang sah – einen starken Eindruck: Wie fühlte sich ein römischer, griechischer oder gar afrikanischer Legionär beim Blick in die fremde Welt hinter dieser Mauer? »Wir wissen, dass da die Schotten lebten, aber für die damaligen Zeitgenossen hätten sich in diesem unbekannten Terrain alle Arten von Monstern befinden können«, so der Autor. Martin macht diesen imaginären Blick in die Vorstellungswelt der Vergangenheit zum zentralen Bestandteil seines Werkes – und die Befürchtungen des anonymen Legionärs wahr: Nun hausen wirklich Monster hinter der (fantasymäßig in Länge, Höhe und Beschaffenheit gepushten) Mauer.

Doch jenseits der Mauer leben auch die von den Westerosi als Wildlinge abgelehnten Menschen, die sich selbst als Freies Volk bezeichnen, da sie es ablehnen, »das Knie zu beugen«, und selbst entscheiden, wen sie zum Anführer ihrer Gruppe oder – wenn sie sich zusammenschließen – zum »König jenseits der Mauer« wählen. Zu Beginn der Serienhandlung hatte es Manke Rayder (Ciarán Hinds) geschafft, die verschiedenen Clans nach längerer Zeit wieder zu einen; ihr Ziel ist es nun, die Mauer zu überwinden und den Norden von Westeros zu erobern. Nicht alle Gruppen sind wirklich sympathisch, prominentes Beispiel sind die in der nördlichsten Region in den Frostfängen lebenden Thenns, die außergewöhnlich grausam, zudem auch Kannibalen sind und von den anderen Clans verachtet werden. Aber auch die Netteren wirken aus Sicht der Westerosi – und wohl aus Sicht der Zuschauer – eingangs bedrohlich und blutdurstig.

Fast alle Männer der Nachtwache verabscheuen die Wildlinge; sind sie auf deren Hilfe angewiesen, wie im Fall Craster, auf dessen Bergfried sie bei ihren Expeditionen Zwischenstopp machen, kommt es regelmäßig zu schweren Spannungen und schließlich zum Mord an diesem Mann. Auch der zum Lordkommandanten der Nachtwache gewählte Jon Schnee bezahlt seine Idee, die vor den Weißen Wanderern flüchtenden Wildlinge zu Bündnisgenossen zu machen und sie in Westeros anzusiedeln, mit dem Leben (er wird dann ja zum Glück wiedererweckt).

## Westerosi-Probleme = unsere Probleme?

Verbirgt sich damit hinter der Serie eine hochaktuelle Herausforderung unserer Tage? Ein Blog der *Frankfurter Allgemeinen Zeitung* argumentierte, dass das zentrale Problem in *Game of Thrones* nicht die Machtquerelen der Adeligen, sondern die Bedrohung durch die Untoten und der damit verbundene Migrationsdruck seitens der Wildlinge seien – anders gesagt: die Probleme der Westerosi sind (unsere) »Flüchtlingsprobleme«! Tatsächlich ist die Serie an diesem Punkt gewissermaßen prophetisch, denn *dass* der Klimawandel (allerdings nicht »Winter is coming«, sondern »Erderwärmung is coming«) zu stärkeren Migrationsbewegungen führen wird, gilt als unstrittig. Die Auseinandersetzungen über angemessene politische und humanitäre Reaktionen werden sich angesichts von »Klimaflüchtlingen« vermutlich verschärfen. All dies transportiert die Serie unterschwellig mit.

Engagement zeigten *Game of Thrones*-Stars jedenfalls angesichts der sogenannten »Flüchtlingskrise«: Mit einem Spot unterstützten Liam Cunningham, Maisie Williams, Lena Headey, Nikolaj Coster-Waldau, John Bradley und Sophie Turner 2016 das International Rescue Committee, für das Headey auch als Sprecherin fungierte; zudem besuchten Cunningham, Headey und Williams ein Flüchtlingslager in Griechenland, während der beliebte deutsche Schauspieler Tom Wlaschiha (der Gesichtslose Mann) in den Libanon reiste und von dort über das Leben in den Flüchtlingscamps informierte. George R. R. Martin hatte sich bereits im November 2015 auf seinem Blog für die Aufnahme von syrischen Flüchtlingen ausgesprochen.

Auch *Game of Thrones* repräsentiert eine menschenfreundliche Haltung, die auf Annäherung an das Fremde und die Fremden basiert: Jon Schnee muss auf Geheiß seines Vorgesetzten Qhorin Halbhand (Simon Armstrong) das Vertrauen der Wildlinge gewinnen – was bedeutet: ihn vor deren Augen töten – und sich bei ihnen als Spion einschleichen. Natürlich verliebt Jon sich bei seiner *going native*-Geheimmission in die Wildlingsfrau Ygritte (Rose Leslie; im wahren Leben heirateten die beiden Schauspieler 2018) und beginnt, die »Anderen« besser zu verstehen. Später erspart er Manke Rayder einen qual- und schmachvollen Tod auf dem Scheiterhaufen, indem er ihn mit einem Pfeil von seinen Leiden erlöst. Mit

Tormund Riesentod, eingangs Befehlshaber in Mankes Armee, verbindet ihn sogar eine Freundschaft. Schlussendlich, so klärt Ygritte Jon auf, hätten die Wildlinge einfach nur auf der falschen Seite der Mauer gelebt, als sie gebaut wurde.

Hier überlagern sich fiktive und realpolitische Bilder. Seit einigen Jahren wird von einer »Renaissance der Mauern« (Kai Wiedenhöfer) gesprochen: Schutzwälle haben es in letzter Zeit politisch, aber auch popkulturell zu neuer Popularität gebracht. Herausragende Beispiele dürften die von US-Präsident Donald Trump geforderte Mauer zu Mexiko – von ihm 2019 mit »The Wall is Coming« im *Game of Thrones*-Schriftzug angekündigt – und die sich vor Flüchtlingen abschottende »Festung Europa« einerseits und Filme wie *World War Z* oder eben *Game of Thrones* andererseits sein. Anhand fiktiver Mauern werden Grenzschließungen, Ausschluss und Einlass, »Wir« und »die Anderen« in Szene gesetzt und damit auch politische Konflikte verhandelt.

## Bilder des Nordens

Eingeschrieben sind diese aktuellen Problemlagen in eine lange Imaginationsgeschichte über den Norden. Wo und was »Norden« ist, ist immer relativ, es hängt im Wortsinne vom Standpunkt ab. Das zeigt schon sein sprachlicher Ursprung: Im Indogermanischen bedeutete Norden »links vom Sonnenaufgang«, er wurde über die Tageszeit fixiert. In der klassischen Antike bezeichnete der Norden keinen geographisch fixierten Raum, sondern den Nordostwind *boreas* (griechisch) bzw. *aquilo* (lateinisch). Ihm wurde große zerstörerische Kraft zugeschrieben, denn er bringe Finsternis und Unwetter, Schnee und Eis seien seine Begleiter. Auch die Bibel weiß vorrangig Negatives über den Norden zu berichten. Zwar findet sich im Buch Hiob die Vorstellung, dass der Gottesberg Zion im Norden liege, doch die Propheten Ezechiel, Daniel, Joel und Jeremia zeichnen ein düsteres Bild: Vermeldet werden ungestüme Winde, Getöse, große Fluten, überkochende Kessel, zerstörerische Heere, feindselige Könige, Schlächter und Verwüster. Jesaja macht es kurz: der *aquilo* sei der Sitz Satans! In seiner Studie über den barbarischen Norden resümiert David Fraesdorff: »Insgesamt wird der Norden im Alten Testament mithin fast ausschließlich als Brutstätte des Unheils, Heimat gefährlicher, feindseliger Herrscher und Völker oder Ausgangspunkt von Naturkatastrophen bezeichnet.« Willkommen im alttestamentarischen Schrecken von *Game of Thrones*!

Dieser ›böse‹ Norden lebt in der Serie als wilder und unzivilisierter Raum hinter der Mauer weiter. Er zeigt sich in der archaischen Gewalt der Wildlinge, die bei ihren Überfällen ganze Dörfer meucheln; vor allem die kannibalischen Thenns oder auch der Knochen tragende Anführer Rasselhemd repräsentieren schon optisch die Figur des Barbaren. Aber selbst hier finden sich die serientypischen Ambivalenzen, so sind die Freiheitsliebe der Wildlinge, ihre protodemokratischen Rituale sowie die emanzipierteren Positionen der Frauen durchaus sympathisch.

Hier haben sich Vorstellungen über die Fremden und Barbaren eingeschrieben, die zum Teil bis in die Antike zurückreichen. Schon Tacitus' *Germania* verbreitete das Klischee von den Germanen als einfache und ehrliche, leider auch faule und trinkfreudige Leute, die zur Aggressivität neigen, ihre Frauen und die Freiheit lieben und Entscheidungen gemeinsam treffen. Mithilfe von Tacitus' Schrift, so der Skandinavist Bernd

Henningsen, wurde in späteren Jahrhunderten die Idee propagiert, dass Freiheit und Demokratie in den Wäldern Germaniens entstanden seien; als ein Vorbild nordischer Selbstregierung fungierte dabei das Althing, die gesetzgeberische Versammlung Islands.

Zum Bildbestand des Nordens gehören Kälte, Schnee und Eis. Kulturhistorisch wirkmächtig wurde das Bild des Eissees auf dem tiefsten Grund der Hölle, in der Dante Alighieri in der *Göttlichen Komödie* die Verräter festgefroren verharren lässt. Das Bild wurde von Künstlern wie Giotto und Gustave Doré, aber auch von dem amerikanischen Lyriker Robert Frost aufgegriffen, als er 1920 das Gedicht *Fire and Ice* schrieb, das wiederum George R. R. Martin zum Titel *A Song of Ice and Fire* inspirierte. Frosts Gedicht stellt die Frage, ob die Welt eher durch Eis oder durch Feuer untergehen werde – und erst ganz am Ende der Serie wird die zentrale Bedeutung dieser intertextuellen Referenz aufgelöst.

## Eis versus Feuer, West versus Ost

Im Verlauf der Serie bekämpfen sich Feuer und Eis, aber sie verbinden sich auch. Den eisigen Untoten stehen die feuerspeienden Drachen und die Feuerreligion des Herrn des Lichts gegenüber. Negativ verbunden sind Eis und Feuer im untoten Eisdrachen, der mit blauem Feuer die Mauer einschmilzt und den Wiedergängern so den Einmarsch nach Westeros ermöglicht. Positiv verkörpert Thronerbe Jon Schnee alias Aegon Targaryen beide Elemente – als Sohn von Lyanna Stark und Rhaegar Targaryen trägt er das Blut des Drachen und das des Nordens in sich.

Mit der Liebe von Jon und Daenerys verbinden sich zudem Norden und Osten: Das Herrscherhaus Targaryen residierte ursprünglich im Freistaat Valyria auf Essos, nach dem Untergang der Stadt ließ es sich auf der Insel Drachenstein nieder, um von dort aus die Sieben Königslande zu erobern (nachzulesen in George R. R. Martins *Feuer und Blut – Erstes Buch: Aufstieg und Fall des Hauses Targaryen von Westeros* – wie gesagt: *Erstes* Buch, schlanke 800 Seiten). Daenerys und Jon repräsentieren damit Weltgegenden, die im frühen europäischen Mittelalter als nicht zum Christentum zählende übel beleumdet waren: »Norden und Osten wurden als subjektiv minderwertig betrachtet«, so Fraesdorff.

Schreibt die Serie hier Abwertungsbilder fort? »They are babarians«, kommentiert Tim van Patten, Regisseur der allerersten Episode, Daenerys' ersten Blick auf die Dothraki. Als Vorbilder für diese wilden Reiternomaden fungierten die Kulturen der Mongolen und der Native Americans. Um die Welt der Dothraki fremd erscheinen zu lassen, wurde eigens eine Sprache kreiert. Aufbauend auf den wenigen Phrasen Dothrakisch, die Martin in seinen Büchern entworfen hatte, schuf der Linguist David J. Peterson, damals Präsident der Language Creation Society, eine Sprache, für die nun auch Lehrbücher – *Living Language Dothraki* – vorliegen. Den Ausgangspunkt zur Erschaffung einer neuen Sprache bildet laut Peterson die Kultur. Die Dothraki sind ein nomadisches, kriegerisches, stolzes Reitervolk, das zwar etliche Worte für »Pferd«, aber keines für »Danke« kennt. Wenig erstaunlich, dass die größte Beleidigung »ifak« lautet – »Geher«. Eine Liebeserklärung ist sicherlich, dass das Wort für »gut und freundlich« auf Dothrakisch »erin« lautet – es ist der Name von Petersons Ehefrau. Peterson entwickelte zudem Hochvalyrisch, die Muttersprache von Daenerys Targaryen,

| | | |
|---|---|---|
| *Sek.* | Ja. | |
| *Vos.* | Nein. | |
| *jahak* | Zopf | |
| *mihesof* | Dolch | |
| *hrazef* | Pferd | |
| *at, akat, sen* | eins, zwei, drei | |
| *M'athchomaroon!* | Hallo! (Wörtlich: Mit Respekt!) | |
| *Yer shekh ma shieraki anni.* | Du bist mein Geliebter. (Wörtlich: Du bist meine Sonne und meine Sterne.) | |
| *Yer jalan atthirari anni.* | Du bist meine Geliebte. (Wörtlich: Du bist der Mond meines Lebens.) | |

Ein bisschen Dothrakisch

die in verschiedenen Varietäten auf Essos gesprochen und in Westeros als Fremdsprache gelehrt wird. Diese Sprache kennt vier Geschlechter: solare, lunare, terrestrische und aquatische.

*Game of Thrones* wurde vorgeworfen, dass die Bilderwelten des Ostens durch Exotismus und Orientalismus (Edward Said) geprägt seien, einen europäischen Blick also, der das Fremde als »Anderes« erst konstruiere und dabei abwerte. Die Serie wiederhole die Klischees des »Orients« – »von nomadischen mongolischen Kriegern über osmanische Sklavenhändler bis hin zu listigen Levantiner Kaufleuten«, so Mat Hardy in einem Forschungsbeitrag. Oder werden diese Bilder, wie Matt Weese auf HBO Watch argumentiert, satirisch gebraucht? Die Serienmacher jedenfalls erklärten am Beispiel der Dothraki, dass die Zuschauer diese zuerst aus Daenerys' Sicht wahrnehmen sollten: wild und barbarisch sollen sie erscheinen, ästhetisch »ein bisschen Marokko und Afrika«. Dann lerne Daenerys die Kultur ihres Ehemannes Khal Drogo kennen und schätzen – und die Zuschauer würden ihr folgen.

Tatsächlich hängt wohl vieles vom Blickwinkel ab. So rät die Internetplattform *The Digital Citadel*, die Serie pädagogisch zu nutzen, um andere Perspektiven kennenzulernen und zu erkennen, dass die Welt auf Essos derjenigen auf Westeros in vielem überlegen sei – was auch auf die mittelalterlichen Realitäten von Orient und Okzident zutreffe. Sei es die militärische und politische Stärke, sei es die Architektur, als deren herausragende Beispiele die Pyramiden von Meereen, die Mauern von Qarth und die Lange Brücke von Volantis firmieren, sei es die Infrastruktur, in der ein gepflegtes Straßennetz die Handelsstädte von Essos verbindet, oder auch die kulturelle Vielfalt und religiöse Toleranz, die auf diesem Kontinent herrscht, – all diese Errungenschaften finden Vorbilder im Byzantinischen und Islamischen Reich. Das mittelalterliche Westeuropa war hingegen politisch genauso gespalten und städtebaulich und infrastrukturell genauso rückständig (berühmtes Beispiel: das verfallene Straßennetz der Römer), wie es Westeros gegenüber Essos sei. Von religiöser Toleranz ganz zu schweigen: In Westeros herrscht der Glaube an die Sieben oder die Alten Götter, und mit den Spatzen kommt die Inquisition. Auch das christliche Mittelalter war relativ homogen, die Kirche intolerant. »Im islamischen Imperium lebten Christen, Juden und Muslime jedoch friedlich nebeneinander, und Angehörige jeder Religion waren oft an der lokalen Bürokratie und Regierungsführung beteiligt«, so die *Citadel*. Es sei diese ethnische und religiöse Vielfalt, die Essos für ein modernes Publikum attraktiv mache!

An den Küsten von Essos liegen die Freien Städte. Braavos ist der Sitz der Eisernen Bank und der Gesichtslosen Männer,

Assassinen, die dem Gott des Todes dienen. Arya Stark hat eine besondere Verbindung zu den Braaverosi: Syrio Forel, ihr elegant-gewitzter Tanzlehrer, der sie Fechten lehrt, stammt ebenso aus Braavos wie der geheimnisvolle Jaqen H'ghar (Tom Wlaschiha), der ihr später auf der Flucht begegnet und sie noch später zur Dienerin des Many-Faced God, des vielgesichtigen Gottes, also zur Killerin ausbildet. Die Faceless Men töten gegen Geld, dabei ist die Summe, die der Auftraggeber entrichten muss, schmerzhaft hoch – immer gemessen an seinem Vermögen. Die Morde haben einen religiösen Hintergrund und folgen einer magischen Praxis: Die Killer können sich die Gesichter von Toten überstülpen und sich mit ihnen verbinden und sind deshalb nicht zu erkennen.

Bei der Eisernen Bank handelt es sich hingegen um eine für das Genre Fantasy atypische Institution. Ihre Gestaltung soll an Gebäude und Gemälde des Goldenen Zeitalters der Niederlande erinnern, in denen sich Standesbewusstsein und Arbeitsethos spiegeln. Die Eiserne Bank ist allmächtig, wie eine Politstunde zwischen Vater und Tochter Lennister zeigt. Cersei meint, man könne doch wegen der Schulden mit jemandem von der Bank verhandeln. Tywin: »Die Eiserne Bank ist die Eiserne Bank, es gibt da keinen Jemanden.« Cersei: »Jemand arbeitet dort. Sie besteht aus Menschen.« Tywin: »Und ein Tempel besteht aus Steinen. Wenn ein Stein zerbröckelt, dann nimmt der nächste seinen Platz ein und der Tempel wahrt seine Form für tausend Jahre oder mehr. Genau das ist die Eiserne Bank. Ein Tempel. Wir leben alle in ihrem Schatten, und kaum einer von uns weiß es. Du kannst ihnen nicht entkommen, du kannst sie nicht betrügen und du kannst sie nicht mit Ausreden umstimmen. Wenn du ihnen Geld schuldest und nicht zerbröckeln willst, bezahlst du es eben zurück.«

Die Macht der Bank schmerzhaft erfahren muss auch der stolze Stannis Baratheon, als er nach einer verlustreichen Schlacht um einen Kredit nachsucht und mit seinem Zwiebelritter wie ein Schuljunge auf unbequemen Bänkchen vor den Bankern sitzt und sich rechtfertigen muss. Dass die Bank letztlich immer gewinnt, liegt auch daran, dass sie angesichts säumiger Schuldner sofort anfängt, deren Feinde zu finanzieren. Die Bank wird für viele Zuschauer nach der globalen Finanzkrise 2008 einen starken Wiedererkennungseffekt haben, und es ist amüsant, dass Martin diese Institution am gleichen Ort angesiedelt hat wie das Haus von Schwarz und Weiß der Faceless Men, die ebenso anonym und effizient agieren. Man könnte auch sagen: Beide Institutionen machen keine Gefangenen.

Der Osten ist mit den an der Sklavenbucht liegenden Städten Meereen, Yunkai und Astapor auch die Region der Sklavenhaltergesellschaften. Es zeugt vom Realismus der Serie, dass es der Drachenmutter Daenerys nicht gelingt, die Sklaverei auf einen Schlag abzuschaffen, sondern dass die Sklavenhalter erbittert und mit allen Mitteln kämpfen, um die alten Verhältnisse wiederherzustellen. Etwas unklar ist, wer eigentlich diese Unmengen an Sklaven kauft, denn in Westeros ist die Sklaverei verpönt – selbst Balon Graufreud, der für niedere Tätigkeiten Zwangsarbeiter hält, lehnt sie ab –, und nur Volantis auf Essos wird als Stadt mit vielen Sklaven erwähnt.


## Am Rand der Welt

Im europäischen Mittelalter wurde das Wunderbare an den Rändern der bekannten Welt situiert, und genauso ist es in *Game of Thrones*. Im Norden leben hinter der Mauer die letzten Riesen und angeblich auch größere Rudel Schattenwölfe, im Osten erwachen die Drachen zu neuem Leben. Auch die Macht der Hexenmeister der Stadt Qarth – ein am Jademeer gelegener Handelsknotenpunkt, der Ost und West verbindet – wurde durch die Geburt der Drachen gestärkt. Im äußersten Osten liegt die für ihre magischen Praktiken bekannte Stadt Asshai in den Schattenländern, eine Bezeichnung, die das Geheimnisvolle und Unbekannte dieser Region anzeigt. Hier wird der Herr des Lichts, der Rote Gott, verehrt und, wie die aus Asshai stammende Melisandre einmal Sharin Baratheon erläutert, sein Widersacher: der Große Andere, der Gott der Dunkelheit, Kälte, Bosheit und Angst gefürchtet.

Die schöne Melisandre ist, wie man in einer Szene mit Grausen sieht, eigentlich eine uralte Frau, in ihr verkörpert sich neben dem Bild der Hexe auch das der alten Vettel. Sie ist das Kontrastbild zu den Schönheitsvorstellungen, die in der Antike entstanden: eine alte Frau, die ekelhaft, weil lüstern sei. Als Hexe oder Magierin kann Melisandre Tote zum Leben erwecken – zumindest holt sie den toten Jon Schnee ins Leben zurück. Als uralte Frau ist sie dem Sex durchaus nicht abgeneigt, wenn auch immer im Namen ihres Herrn: Sie kann Schatten gebären, die töten können. Einen schönen, diesen oft verblendeten Charakter rehabilitierenden Auftritt erhält sie am Schluss: Im Kampf gegen die Untoten versieht sie alle Dolche der Dothraki mit Flammen, und es gelingt ihr im Unterschied zu den Bogenschützen, durch Beschwörungen die mit Öl gefüllten Schützengräben zu entzünden.

Der – aus Sicht der Westerosi – Ferne Osten ist kaum mehr bekannt, hier liegen sagenhafte Länder wie das Goldene Kaiserreich von Yi Ti, eine uralte Hochkultur, die an China erinnert und aus der Händler nach Qarth reisen, um Waren zu tauschen.

Mit den Himmelsrichtungen werden in *Game of Thrones* nicht nur geographische, sondern auch imaginäre Räume geschaffen, die mit Anspielungen gesättigt sind – und dabei auch die Widersprüche dieser kulturhistorischen Bilderwelten transportieren. Die Serie durchzieht der Gegensatz des Bekannten und Fremden: Je weiter die Regionen von Westeros entfernt sind, desto geheimnisvoller, magischer, wunderbarer und phantastischer werden sie. Diese nicht zu Ende kartographierte Welt ist ein Gegenentwurf zu unserer Welt, die kaum noch unbekannte Flecken bereithält, auf der man sich – Navis und Google Maps sei Dank! – leider nur noch selten verirrt, die dafür aber mit Hilfe von Street Views jederzeit digital besichtigt werden kann: »Was liegt westlich von Westeros?«, fragt Arya am Ende von *Game of Thrones* Jon Schnee. »Ich weiß es nicht«, antwortet der. Arya erwidert, dass niemand es wisse, da die Karten dort enden. Und genau dahin wolle sie reisen. Viele Fans, darunter Stephen King, wünschten sich prompt ein Spin-off mit Arya als Entdeckerin fremder Welten. Die auf ihrem Schiff unter dem Wappen der Starks aus der Serie segelnde Arya weckt zwei Sehnsüchte: dass man mitkommen und Unbekanntes entdecken kann – und dass die Verzauberung durch die Serie noch ein bisschen andauern möge.

## Fantasy – Anderswelt und Wirklichkeit

»Fantasy flies on the wings of Icarus, reality on Southwest Airlines«, so erklärte George R. R. Martin einmal das literarische Genre, in dem er schreibt – ein umstrittenes und lange geschmähtes Gebilde, von dem der ungeneigte Leser annimmt, dass es hier von Orks, Elben, Zwergen und anderem unrealistischem Blödsinn wimmelt, mit dem er garantiert nichts zu tun haben möchte. Schon die heutige Benennung dieses Genres erfolgte in (pop)kulturellen Sphären, die keinen guten Ruf genießen: Erstmals erschien der Begriff Fantasy laut *Oxford English Dictionary* 1949 als Titel eines Pulp-Heftes (*Magazine of Fantasy and Science Fiction*). In den Sechzigerjahren löste dann zwar Tolkien mit *Der Herr der Ringe* einen weltweiten Fantasy-Boom aus – der Roman wurde über 150 Millionen Mal verkauft –, doch das Schmuddelimage einer regressiven, politisch zweifelhaften Genreliteratur und ihres seltsamen Fandoms blieb. Doch mittlerweile ist Bewegung in die Sache gekommen. Noch einmal George R. R. Martin, diesmal in einem Interview mit Denis Scheck: Bis vor Kurzem galten Menschen, die sich wie er für Fantasy, Science-Fiction, Schachturniere und Comics interessierten, als Nerds, Freaks und Outcasts, »but now we rule the world«!

Unterstützung findet der Autor bei Wissenschaftlern, die schon von einem »Zeitalter der Fantasy« (Moritz Baßler) sprechen. Ob dies nun zu hoch gegriffen ist oder nicht, der Siegeszug phantastischen Erzählens ist unübersehbar. Doch was ist eigentlich Fantasy, was ist Phantastik? Hier gehen die Meinungen auseinander. Den Bezugspunkt der Debatten (oder auch Vorwürfe) bildet häufig die »Wirklichkeit«, gegen die die Phantastik verstoße. Allerdings gerät man hier gleich in Teufels Küche: Das Ding an sich kann seit Kant sowieso nicht mehr erkannt werden, jeder bastelt sich seine eigenen Vorstellungen von Realität; Auffassungen davon, was wirklich ist, ändern sich historisch und kulturell, um nur einige Einwände zu nennen.

Behelfsmäßig ließe sich sagen, dass die Phantastik Bilder in Szene setzt, die davon abweichen, was die meisten Menschen zu einem bestimmten Moment in einer bestimmten Kultur für wirklich halten, es handelt sich um einen »Relationsbegriff« (Monika Schmitz-Emans). Doch führt das letztendlich weiter? »Dass es in der Kunst insgesamt nicht um das geht, was wirklich ist oder war, weiß man seit Aristoteles«, schreibt Dietmar Dath in seinem Buch über Superhelden.

Orientierung bietet Gotthold Ephraim Lessing. In seiner Schrift *Hamburgische Dramaturgie* verteidigt er Gespenster. Zum einen, weil er nicht entscheiden könne, ob es sie nun gebe oder nicht – obwohl seine aufgeklärten Zeitgenossen ihnen die Existenz absprächen. Das sei aber völlig uninteressant. Interessant für einen Dichter sei nur, ob Gespenster *auf der Bühne* funktionieren. Dazu müsse dieser seine literarischen Mittel beherrschen: »Hat er diese in seiner Gewalt, so mögen wir im gemeinen Leben glauben, was wir wollen; im Theater müssen wir glauben, was Er will.« Sein Urteil: Bei Shakespeare (prominent: Hamlets Geist) klappe das, bei Voltaire leider nicht. Dem ist eigentlich nichts hinzuzufügen. Außer vielleicht: Bei *Game of Thrones* klappt es auch.

Wenn die Zuschauer an den blutmagischen Ritualen zweifeln, die die Rote Priesterin Melisandre vollzieht, dann nicht im Namen irgendeiner Realität, sondern weil sie sich öfter mit ihren Visionen geirrt hat und nicht als zuverlässigste Dienerin ihres Gottes erscheint. Anderes hingegen steht außer Frage: Dass Menschen von den Toten zurückgeholt werden wie Beric Dondarrion (David Michael Scott / Richard Dormer), Ritter und nunmehr Mitglied der Bruderschaft ohne Banner, der – Serienrekord! – bereits sechs Mal von Thoros von Myr (Paul Kaye), dem Priester dieser Gemeinschaft, wiederbelebt wurde. Dass Wargs genannte Menschen in den Geist von Tieren eindringen, die Welt aus ihrer Perspektive wahrnehmen und sie manchmal sogar steuern können – ein vorzügliches Beispiel ist der gelähmte Bran, da es ihm als Einzigem sogar gelang, in den Geist eines Menschen, nämlich Hodors (Kristian Nairn), einzudringen. Bran ist nicht nur ein Leibwechsler, sondern auch ein Grünseher: In seinen Visionen kann er in die Vergangenheit, Gegenwart und Zukunft schauen. Hier steht er in der Tradition der Dreiäugigen Raben, mystischen Sehern, die, wie der letzte unter ihnen, mit einem Baum verwachsen, jahrhundertelang leben. Daenerys Targaryen wiederum bezeichnet sich zu Recht als »Blut des« und auch »Mutter der Drachen«, denn tatsächlich kann Feuer ihr nichts anhaben, und sie erweckt, in Flammen stehend, versteinerte Dracheneier zum Leben. Auch ein Zeitreiseparadox – Stichwort: »Hold the Door!« – findet sich. Mittels all dieser phantastischen Fähigkeiten werden ansonsten stabile und unüberwindliche Grenzen zwischen Zeit und Raum, Mensch und Mensch sowie Mensch und Tier transzendiert.

Aufgehoben wird auch die Grenze zwischen Leben und Tod, die mit dem Einschmelzen der Mauer und dem Einmarsch der Untoten nach Westeros am Ende der siebten Staffel ihr symbolkräftiges Bild findet. Diese Armee der Untoten, der im Original »Wights« genannten Wiedergänger, entstand, als Leichen von Weißen Wanderern berührt wurden: »Deswegen kamen sie zurück. Deswegen wurden ihre Augen blau. Nur das Feuer kann sie aufhalten«, so der belesene Samwell Tarly (John Bradley West). Diese Untoten ähneln Zombies. Anders als die anarchischen Leichenmobs à la George A. Romero oder *The Walking Dead* sind sie aber als roboterhafte Streitmacht in Szene gesetzt; sie folgen den Weißen Wanderern, auf deren Befehl hin sie sich in Gang setzen. Damit sind sie auch das dunkle Spiegelbild der Söldnerarmeen der Serie – die Toten, die die meisten qua Berufsstand auch bald sein werden. Der aus Haiti stammende Mythos eines willenlosen, der Macht eines Voodoo-Priesters unterworfenen Zombies verbindet sich mit Bildern organisierter Streitkräfte, von Armee und Kampfverbänden.

Die im Romanzyklus *The Others*, die Anderen, genannten Weißen Wanderer unterstehen dem Nachtkönig. Dieser kann alle Toten zeitgleich und ohne Körperkontakt wiederbeleben – einfaches Armeheben genügt (machen auch die Fans gerne gemeinsam mit dem Schauspieler Vladimir Furdik). Lange bleibt in der Serie unklar, was der Nachtkönig eigentlich will – außer Tod und Verderben bringen. Im Verlauf der achten Staffel glühte das Internet förmlich vor Theorien und Exegesen über den finalen Verlauf der Serie, und auch der Nachtkönig rückte als strategisch planendes Wesen in den Blick. Sein Ziel ist Bran, der ja als Dreiäugiger Rabe die gesamte Vergangenheit von Westeros (na ja:) einsehen kann und damit als lebende Bibliothek fungiert. Sein Tod würde die Erinnerung an die Menschheit vernichten, denn, erneut sei Sam zitiert, Menschen ohne Geschichte und Erinnerung seien nichts weiter als Tiere.

### Das Ende naht: der Nachtkönig

Wie Bran verkörpert auch der Nachtkönig eine Metamorphose, denn ursprünglich war er ein Mensch. Geschaffen wurde er in grauer Vorzeit, als die Kinder des Waldes auf Westeros lebten, die Ersten Menschen aus Essos übersiedelten und sich ein für die technologisch unterlegenen Waldwesen verlustreicher Krieg entspann und sie deshalb zur Magie griffen: Das Waldkind Blatt (Octavia Selena Alexandrin / Kae Alexander) rammte ihm einen Dolch aus Obsidian, Drachenglas genannt, in die Brust (was dann auch das Mittel der Wahl ist, ihn zu töten). Der erste Weiße Wanderer war entstanden, weitere folgten. Mit ihrer Hilfe wollten die Kinder des Waldes die Ersten Menschen besiegen, doch konnten sie ihre Geschöpfe nicht kontrollieren. Sie schlossen Frieden mit den Ersten Menschen und lebten fortan in getrennten Regionen. Ein Zeitalter friedlicher Koexistenz brach an, die Ersten Menschen übernahmen sogar die Religion der naturmagischen Wesen.

In der Langen Nacht fielen dann die Weißen Wanderer in Westeros ein: »Sie fegten durch Städte und Königreiche, ritten auf ihren toten Pferden, jagten mit ihren Meuten von fahlen Spinnen groß wie Jagdhunde«, so erzählt es die Alte Nan (Margaret John / Annette Tierney), Brans Kinderfrau. In der Schlacht der Dämmerung wurden sie von den Ersten Menschen und den Kindern des Waldes besiegt. Die mit Magie versehene Mauer wurde errichtet, um die Menschen vor den Untoten zu schützen. Später eroberten die aus Essos stammenden Andalen Westeros. Sie fürchteten die Magie der Kinder des Waldes, suchten sie auszurotten und zerstörten ihre Wehrholzbäume im Namen der neuen Religion der Sieben. Einige Kinder des Waldes überlebten ebenso wie einige Menschen im Norden von Westeros und mit ihnen auch die nunmehr Alten Götter, denen auch die Familie Stark huldigt. Die Andalen schwangen sich zu neuen Machthabern auf. Die Kinder des Waldes und die Weißen Wanderer wurden im Laufe der Zeit zum Gegenstand von Legenden und Ammenmärchen, denen ein aufgeklärter Westeroso ebenso wenig glaubt wie Erzählungen über »Grumkins und Snarks« – der kluge Tyrion wurde in dieser Sache bereits zitiert.

## Genre-Typisches

Indem die Westerosi die Existenz übernatürlicher Wesen ins Reich der Legenden und Märchen verweisen, zitieren sie zugleich einige kulturgeschichtliche Linien, denen diese Bilder entstammen. Phantastisches Erzählen hat viele Wurzeln, und manche reichen bis in die Anfänge der Literatur selbst zurück (heißen dann aber Epos, Mythos oder auch Religion: *Gilgamesch*, *Mahabharata*, *Ramayana*, *Ilias*, *Odyssee*, *Edda*, *Beowulf*, *Rolandslied*, *Artus-Saga*, Altes und Neues Testament, Koran). Zwar wird die Phantastik zumeist als Reaktion auf die Aufklärung und als Rationalitätskritik verstanden – hier spielt die Romantik eine zentrale Rolle –, doch neuere Forschungen sehen auch ältere, bis in die Antike zurückreichende Konzepte des Wunderbaren am Werke oder weisen transformierte religiöse Gehalte nach.

Fantasy basiert im Unterschied zu anderen Formen phantastischen Erzählens auf der Etablierung anderer Welten – der »Secondary Creation«, wie Tolkien dies in seinem Essay *On Fairy-Stories* genannt hat. Diese Anderswelt ist häufig in einem (pseudo)mittelalterlichen Setting angesiedelt und setzt übernatürliche Phänomene in Szene. Für ihre Bewohner scheinen diese real und natürlich – schon hier wird Martins Abweichung, der genau dies ja auf den Kopf stellt, deutlich. Fantasy als Subgenre speist sich aus spezifischen Erzählstrukturen und Motiven, deren bedeutsamste die Queste, die Heldenreise, ist. Dabei geraten die Helden gelegentlich etwas eindimensional. Genau davon setzt sich Martin mit *A Song of Ice and Fire* bewusst ab: »Meine Interpretation des Genres bringt weniger Magie und Zauberei auf die Bühne; der Schwerpunkt liegt auf Schwertkampf und Schlachten und politischer Intrige und den Charakteren. Vor allem: den Charakteren.« Er schreibe keine »Disney Fantasy« – unter diesen Begriff subsumiert Martin die Ausformungen des Genres, die für viele Nicht-Fantasy-Leser vermutlich das Genre selbst darstellen.

In der Postmoderne vermischen sich jedoch hoch- und popkulturelle Felder zunehmend, heute gehört es durchaus zum guten Ton einen Superhelden-Film anzuschauen und vor allem: »lesen«, analysieren zu können. Nicht nur die als seriös verstandene Literatur betreibt ihren »Realismus mit schlechtem Gewissen«, wie der Literaturwissenschaftler Moritz Baßler mit Blick auf die vielen phantastischen Elemente der Gegenwartsliteratur schreibt, auch die Filmsprachen des 21. Jahrhunderts sind – nicht zuletzt durch die rasanten Entwicklungen der CGI (Computer Generated Imagery) – durch phantastische Elemente geprägt, wenn sie sich nicht gleich künstliche Welten generieren. All das vollzieht sich unter dem hochkulturellen Radarschirm, während der Begriff Fantasy noch Abwehrreflexe auslöst.

Es ist deshalb sicher der genialischste Kunstgriff George R. R. Martins, die Leserschaft im Handstreich zu Parteigängern des Phantastischen zu machen, denn *eigentlich* wären die aufgeklärten und skeptischen Westerosi unsere Identifikationsfiguren! In seinen Romanen hat Martin einen Point-of-View-Standpunkt gewählt, der Leser erfährt die Handlung immer aus Sicht einer Figur. Während die Leser im Prolog des Romans einen Weißen Wanderer mit den Ohren der Figur Will sprechen hören – wenn auch nicht verstehen – können, wird der Serienzuschauer zum Augenzeugen: Mit den Männern der Nachtwache reiten wir im *cold open* in die Landschaft hinter der Mauer und *sehen* das todbringende Wesen. Der überlebende Mann wird unsere Identifikationsfigur – leider wird er kurz darauf in der Nähe von Winterfell aufgegriffen und als Deserteur von Ned Stark geköpft. Vorher kann der Grenzer noch die Gründe seiner Flucht nennen: Er habe die Weißen Wanderer gesehen, und obwohl er nicht zur Nachtwache zurückgekehrt sei, müssten die Menschen gewarnt werden. Die Szene soll die Figur Ned Stark charakterisieren, da er (in einer vielzitierten Sentenz) seinem erst zehnjährigen Sohn Bran erklärt, warum er selbst die Enthauptung vornahm: »Der Mann, der das Urteil spricht, sollte auch selbst das Schwert schwingen.« Doch unvermerkt wird hier auch die Redewendung »den Boten der schlechten Nachricht köpfen« ins Bild gesetzt. Damit ist eine Grundfigur der Serie – Kassandra lässt grüßen! – etabliert, denn es wird dauern, bis man die Reden von den Weißen Wanderern nicht mehr, wie noch Ned Stark, als Wahrnehmung eines Verrückten abtun kann. Der Staffelstab ist übergeben: Der Zuschauer hat nun die Position des Boten inne, der die Westerosi von der Existenz der Untoten überzeugen will.

## Die Politik des Phantastischen

Die apokalyptische Grundfigur der Serie avancierte schnell zur Metapher des ebenfalls ignorierten Klimawandels, sie verklammert auf geradezu unheimliche Weise Politik und Phantastik. Mit der Erzählung der nur fragmentarisch überlieferten Vorgeschichte von Westeros gewinnt das Anthropozän, das menschengemachte Zeitalter, sein Bild: Wer nicht mit der Natur leben kann, der provoziert seinen eigenen Tod. Trotzdem bietet *Game of Thrones* ein Bild der Hoffnung: dass nämlich, paradox genug für Fantasy, die Vernunft siegen wird. Bis auf zwei sinistere Schurken – Euron paktiert heimlich mit Cersei – überwinden angesichts der tödlichen Bedrohung alle ihre Partikularinteressen und ziehen an einem Strang. Vorbild auch für die reale Welt? Im Sinne Benedict Andersons vielleicht, der Nationen als »Imagined Communities«, vorgestellte Gemeinschaften, bezeichnet, die erst durch den Buchdruck und die damit verbundene Lektüre gemeinschaftsstiftender Bilder entstanden. *Game of Thrones* könnte im Zeichen des Medienwandels Ähnliches leisten: Lange genug hat eine *imaginierende* Gemeinschaft ja vor den Bildschirmen dieser Welt gesessen und um den Fortbestand der eigenen Spezies gefürchtet, um sich als Menschheit zu begreifen.

# Das Erfolgsrezept?

Zurück zur Serie: *Game of Thrones*, so Alan Sepinwall im *Rolling Stone*, sei eine »Once-in-a-Lifetime-Show«. Nicht nur dieser Autor nahm wehmütig Abschied. Allerorten wurde das Ende einer Ära ausgerufen und wurden Gründe gesucht, wieso eine Fantasyserie ein solch globaler Erfolg werden konnte. Zusammen bilden sie Bündel ineinandergreifender Faktoren: das apokalyptische Setting, das *Game of Thrones* gegenwärtig mit vielen Büchern und Filmen teilt, die Katharsis, die die Serie angesichts einer als immer sinnloser erfahrenen Welt und aus dem Ruder laufender politischer Prozesse biete. Die massen- und popkulturelle Dimension, in denen ein literarisch erfolgreiches Werk wie dasjenige Martins längst nicht mehr für sich steht und auch nicht einfach verfilmt wird, sondern eingebunden ist in weitreichende Medienverbünde aus Computer- und Pen-&-Paper-Rollenspielen, Webseiten und Fanportalen, in Fan-Fiction und Fan-Art, die den Text erweitern und fortschreiben. Dazu kommen spezifische mediale Distributionsbedingungen und Technologien, die mit dem Aufstieg des Algorithmus und der Streamingdienste – jeder bekommt Empfehlungen auf der Grundlage seiner Interessen – bald vielleicht schon, so Christian Alt, der Vergangenheit angehören: »Das Feuer für *Game of Thrones* brennt einmal die Woche heiß und innig. Das Feuer für Netflix-Serien glimmt eher vor sich hin. Und da jeder andere Empfehlungen hat, spricht jeder über andere Shows. Fan einer Netflix-Show zu sein, bedeutet Arbeit. Weil nicht alle zur gleichen Zeit darüber sprechen, muss der Zuschauer sich selbst seine Community suchen. Auf Reddit, unter Hashtags auf Twitter, in den Kommentarspalten von Youtube-Videos. Einen Straßenfeger haben die Streaming-

### Zehn Musikvideos und Parodien

(zu finden auf Youtube – sofern nicht anders vermerkt)

1. Coldplay's Game of Thrones: The Musical
   (Full 12-minute version)

2. 2 Cellos – Game of Thrones [Live at Sydney
   Opera House]

3. Geek & Sundry – Write Like the Wind
   (George R. R. Martin)

4. The Axis Of Awesome – Rage Of Thrones

5. Game of Thrones – 1995 Style

6. South Park – Red Robin Hochzeit (www.southpark.de/
   alle-episoden/s17e07-die-red-robin-hochzeit)

7. Sesame Street – Game of Chairs

8. Game of Thrones Recap Rap (Seasons 1–6)

9. Winter is Trumping

10. Late Night with Seth Meyers – Melisandre
    at a Baby Shower

Dienste bisher nicht hinbekommen und werden es wahrscheinlich auch nie.«

Sieht man *Game of Thrones* in der Tradition der legendären TV-Straßenfeger, dann geht es bei dieser Serie vielleicht weniger um das einsam-exzessive Binge-Watching als um das globale Schauen, die kollektive Begeisterung, vergleichbar den Fußball-Weltmeisterschaften. Das dort so beliebte Public Viewing findet im Serienschauen nicht gemeinsam an öffentlichen Orten statt, dafür aber in der nicht nur privaten, sondern auch weltweiten Kommunikation über die letzte Episode. Das könnte ewig so weitergehen. Doch der Winter naht, irgendwann kommt die heiß ersehnte letzte Staffel – und mit ihr das Ende. Vor Beginn der achten Staffel analysierte die *Jimmy Fallon Show* in einem durch Cameo-Auftritte von Sean Bean und George R. R. Martin geadelten Sketch das Problem: Die Mitglieder des Königsrates lamentieren, dass niemand wisse, wann *Game of Thrones* endlich weiterginge – bis einer einwendet, dass es vielleicht besser sei, wenn sie nicht weiterginge, denn diese Serie sei keine »Show, but a way of life«. Unvergesslich.

## Abspann – Firestorm und Shitstorm

Und dann *kam* die letzte Staffel. Und mit ihr die große Enttäuschung. Fans wie Kritiker monierten die bereits in Staffel 7 vermehrt auftretenden Logiklöcher, unglaubwürdige Twists und misslungene Figurenentwicklungen. Neben Jaimes Rolle rückwärts aus Briennes in Cerseis Arme gab es weitere Brüche: Brienne gerade eben zur *ersten Ritterin* der Sieben Königslande geschlagen? Nun weinendes Elend nach der Nacht mit Jaime, weil dieser sie verlässt. Arya will Cersei seit sieben Staffeln töten? Ein Satz von Sandor Clegane, und sie lässt ab. Sansas Antwort, als der Hund sie an sein Fluchtangebot erinnert, das ihr die Vergewaltigungen durch Ramsay erspart hätte? Dann wäre sie immer das »kleine Vögelchen« geblieben. Daenerys sprengt sieben Staffeln die Ketten der Unterdrückten? Mutiert zur Mad Queen, die dem väterlichen Erbe folgt und Königsmund, eine Stadt, die sich ergeben hat, mittels Drachenfeuer abfackelt – inklusive Abertausender unschuldiger Menschen. Hier tobten die Fans endgültig – der vergessene Kaffeebecher auf ihrem Tisch war da noch das kleinste Problem.

Varys, immer superinformiert, weiß nicht, was in Königsmund los ist, Tyrion irrt sich immer häufiger, und beider Dialoge waren auch schon mal besser. Und selbst dem Nachtkönig musste man irgendwie nachtrauern, verschwand diese mystische Figur doch sehr unerklärt aus der Serie. Die Erzählstränge um den Herrn des Lichts und die damit verbundenen Prophezeiungen blieben letztlich unaufgelöst. Nach Folge 5 erreichte die Kritik enorme Ausmaße, auf *change.org* wurde eine Petition gestartet, die von HBO ein Remake der Staffel forderte, da Benioff und Weiss ohne das Material aus Martins Büchern überfordert seien. Der Shitstorm, der auf die Showrunner niederging, hatte ähnliche Ausmaße wie Daenerys' Feuersturm über Königsmund: Binnen weniger Tage unterschrieben weltweit über eineinhalb Million Menschen.

Die Fans wollten nicht einfach ein anderes Ende, wie oft verkürzt geschrieben wurde. Viele haben die Serie über die Jahre hinweg geschaut und sich vor allem an den Charakterentwicklungen und der Sorgfalt gefreut, mit der sie gestaltet wurde. Dass Benioff und Weiss nur sechs Episoden gedreht und sich nicht mehr Zeit für die Abschlussstaffel genommen haben, brach mit dieser Tradition. An HBO lag es nicht, der Sender hätte gerne mehr Folgen und sogar mehr Staffeln produziert. Auch George R. R. Martin betonte, dass seine Bücher noch viel Material bereithielten, und konnte über die Beweggründe der Showrunner nur rätseln: »We could have gone to 11, 12, 13 seasons, but I guess they wanted a life.« Ein neuralgischer Punkt, der schon vorher zu Verstimmungen geführt hatte: Benioffs und Weiss' Entscheidung, Catelyn Stark nach ihrem Tod nicht wie in den Büchern als untote, vermoderte Lady Steinherz wiederauferstehen zu lassen, gefiel Martin gar nicht. Als Staffel 7 lief, schwieg er deutlich vernehmbar: Enthusiastisch feierte er die zweite Staffel der Serie *The Last Kingdom* – kein Wort über *Game of Thrones*. Hinsichtlich der letzten Staffel gab er sich dann völlig unwissend: »Ich habe weder die Drehbücher zum Finale gelesen noch die Möglichkeit gehabt, das Set zu besuchen, weil ich an ›Winds‹ gearbeitet habe.« Also, wie ging es weiter?

Es folgte die Abschlussepisode, in der sich Daenerys' Metamorphose vollendete. Unter bleiernem Himmel hält sie, schwarzgekleidet und bleich, in den Trümmern von Königsmund eine »Wollt ihr den totalen Krieg«-Rede. Begeistert brüllen die Dothraki auf ihren sich aufbäumenden Pferden und klopfen die Unbefleckten militärisch diszipliniert rhythmisch Zustimmung. Sie wird die Welt erobern und ihre Vision durchsetzen, erklärt sie Jon, der sie von ihrem totalitären Anspruch abbringen will. Nein, sie wisse, was gut ist, alle hätten sich ihr zu beugen, ansonsten müssten sie sterben. »Immer, wenn ein Targaryen geboren wird, werfen die Götter eine Münze und die Welt hält den Atem an«, sagt ein Sprichwort in Westeros: Jon erkennt, dass die Münze letztlich auf die Seite des Wahnsinns gefallen ist und ersticht Daenerys.

Eine zu rasante Entwicklung? Ja. Aber es hatte auch Hinweise auf Daenerys' zornmütigen Charakter gegeben: Für die 163 gekreuzigten Kinder, die als Warnung ihren Weg in die Sklavenstadt Meereen säumten, ließ sie 163 Sklavenmeister kreuzigen – darunter solche, die sich gegen die grausame Behandlung von Sklaven gewandt hatten. Mehrfach drohte sie, die Häuser ihrer Feinde niederzubrennen. Nein, dachten die geneigten Zuschauer, das ist eine *façon de parler*, sie meint das nicht so! Doch spätestens als Vater und Sohn Tarly nicht das Knie vor ihr beugten und umstandslos verbrannt wurden, konnte man zweifeln. Tatsächlich zeigt eine Vision, die Daenerys im Haus der Unsterblichen hat, schon in Staffel 2 das Ende der Kämpfe: Sie steht im Thronsaal und es scheint zu schneien – nun zeigt sich, dass nicht Schneeflocken in der Luft wirbelten, sondern Asche. Prophezeiungen, so George R. R. Martin, seien enorm lustig, weil sie sich immer so anders auswirken als man denkt. Nicht hereinlegen ließen sich die *Simpsons*, die in einer *Game of Thrones*-Parodie (Folge 619) prophezeiten, dass Drachenfeuer ihre Stadt zerstören würde.

Die letzte Folge verbannt Thronfolger und Tyrannenmörder Jon zurück an die Mauer, bevor sie ihn in die Freiheit des Hohen Nordens entlässt. Und sie beschert Bran die Krone. Es findet damit zwar keine Revolution in Westeros statt, aber immerhin ein kleiner historischer Fortschritt: Künftig soll der König von der Versammlung der adeligen Häuser gewählt werden, das Erbrecht wird abgeschafft. Vorher brachte eine Überlegung von Sam noch kurz die Demokratie ins Spiel – wenn das Regieren alle betrifft, warum sollen dann nicht alle entscheiden, wer regiert? Superwitz für die versammelten Herrschaften, denn dann könne man ja auch gleich die Pferde und Hunde fragen, was sie wollen.

Das Plädoyer für die Königswahl liefert Tyrion: Was bringt und hält Menschen zusammen? Armeen? Geld? Banner? Nein, nichts ist mächtiger als eine gute Geschichte und Bran kenne sie als lebendes Gedächtnis von Westeros alle. Am Ende steht also ein selbstreferenzieller Twist, denn auch die Geschichte von *Game of Thrones* hat Menschen weltweit jahrelang verbunden: Als kleine Hommage an George R. R. Martin überreicht Sam als neuer Maester dem von Bran zur Hand bestimmten Tyrion das Buch *Die Geschichte von Eis und Feuer*, ein Werk über den Krieg der Fünf Könige.

Wie könnte ein Gesamtblick auf die Serie nach Staffel 8 aussehen? Dem Geschichtenerzählen wird ein magischer Status zugeschrieben: Es verzaubert, solange es dauert. Dem folgt der Handlungsaufbau: Die Serie beginnt mit den Weißen Wanderern im Modus des Phantastischen und schließt mit dem Ende der Magie (Nachtkönig und Gefolge vernichtet, Melisandre zerfällt ohne ihr Zauberdiadem zu Staub, Drogon fliegt mit der Drachenmutter in der Klaue in unbekannte Gefilde.) Der Erzählbogen von *A Song of Ice and Fire* führte von den Eiskreaturen zum Feuersturm des Drachen und ist nun vollendet.

Gerne hätten die Zuschauer eine gute Herrscherin auf dem Thron gesehen – die Wirklichkeit hält schon genug seltsame Politiker parat. Hier ist es wohl symptomatisch, dass *Game of Thrones* in Liebesdingen kein Happy End kennt: Robb und Talisa sterben gemeinsam wie Jaime und Cersei, der von Brienne verschmähte Tormund ist so liebeskrank wie diese von Jaime Verlassene selbst und wohl auch Gendry (Joe Dempsie), dessen Heiratsantrag von Arya abgelehnt wird. Missandei stirbt, und Grauer Wurm mutiert zum Schlächter. Nur der beleibte Samwell Tarly und die beherzte Goldy bleiben ein Paar, dem sogar Nachwuchs vergönnt ist. Schließlich zerbricht auch die Liebesbeziehung des Publikums zur strahlenden, schönen, mutigen und visionären Daenerys. Ihre drachengestützte Allmacht befriedigt den Wunsch nach einer überlegenen Figur, die das komplizierte Kleinklein und Hickhack des Politischen hinwegfegt – reine Fantasy, wenn man so will.

Stattdessen steht Westeros fürderhin unter der Herrschaft eines guten Königs, der als Gelähmter die Spuren der politischen Geschichte und als Leibwechsler die phantastische Dimension der Serie vereint: Im Rollstuhl dem Königsrat vorsitzend, verabschiedet er sich schnell, um als Leibwandler ›wargend‹ nach Drogons Verbleib zu forschen. Es bleiben die Überlebenden der Machtkämpfe, die sich wieder um das altbekannte politische Geschäft kümmern müssen. Unter der Herrschaft von Bran dem Gebrochenen werden das Phantasma des

Heilen, Ganzen, Unverletzten und die Rettung durch strahlende Helden und Heilsbringerinnen verabschiedet: An ihre Stelle treten Krüppel, Bastarde und Zerbrochenes – die unvollkommene Realität, die in dieser Serie zur Kenntlichkeit verzaubert wird.

**So viele Todesarten und Tötungsmittel –**
**Auflösung zum Quiz auf S. 62 f.:**

Catelyn Stark – 4, Cersei Lennister – 20, Daenerys Targaryen – 4, der Dreiäugige Rabe – 3, der Hohe Spatz – 25, Grenzer aus Folge 1 – 6, Dickon Tarley – 1, die Weißen Wanderer – 13, Doran Martell – 4, Gregor Clegane – 23, Jaime Lennister – 20, Joffrey Baratheon – 2, Jon Snow – 4, Khal Drogo – 22, Lancel Lennister – 25, Loras Tyrell – 25, Lysa Arryn – 23, Maes Tyrell – 25, Manke Rayder – 9, Margaery Tyrell – 25, Missandei – 6, Myrcella Baratheon – 15, Nachtkönig – 4, Ned Stark – 6, Nymeria Sand – 8, Oberyn Martell – 24, Olenna Tyrell – 2, Petyr Baelish – 4, Ramsey Bolton – 10, Randyll Tarley – 1, Renly Baratheon – 19, Rhaegal – 5, Rhaego – 21, Rickon Stark – 9, Robb Stark – 4, Robert Baratheon – 11, Roose Bolton – 4, Sally – 4, Sandor Clegane – 23, Sansas Fluchthelferin – 12, Shae – 8, Sharin Baratheon – 18, Sklaven in Essos – 28, Söhne Walder Freys – 27, Talisa Stark – 4, Tommen Baratheon – 23, Tyene Sand – 16, Tywin Lennister – 14, Varys – 1, Verschwörer auf der Mauer – 26, Viserion – 29, Viserys Targaryen – 17, Walda Bolton und ihr Baby – 10, Walder Frey – 7, Ygritte – 9, 163 Sklavenmeister – 28

# Literaturhinweise

Brüns, Elke: Unsere Anderen: Der Tödliche Norden in Game of Thrones. In: Simon Spiegel u. a. (Hrsg.): »Forum Game of Thrones«. Zeitschrift für Fantastikforschung 7.2 (2020): S. 1–36. https://doi.org/10.16995/zff.3018. Letzter Zugriff: 12. 2. 2024.

Cogman, Bryan: Hinter den Kulissen – *Game of Thrones*. Einleitung von George R. R. Martin. Vorwort von David Benioff und D. B. Weiss. Stuttgart 2012. [Staffel 1–2.]

Keen, Helen: Die Wissenschaft von Eis und Feuer: Wenn *Game of Thrones* auf Fakten trifft. Köln 2017.

Koch, Lars: Walling out. Zur Diskurspolitik und Mythomotorik Neuer Mauern. In: Von *Game of Thrones* bis *House of Cards*. Politische Perspektiven in Fernsehserien. Hrsg. von Anja Besand. Wiesbaden 2018. S. 51–69.

Larrington, Carolyne: Winter is coming. Die mittelalterliche Welt von *Game of Thrones*. Darmstadt 2016.

Martin, George R. R. / Garcia, Elio M. Jr. / Antonsson, Linda: Westeros: Die Welt von Eis und Feuer – *Game of Thrones*. München 2015.

May, Markus / Baumann, Michael / Baumgartner, Robert / Eder, Tobias (Hrsg.): Die Welt von *Game of Thrones*. Kulturwissenschaftliche Perspektiven auf George R. R. Martins *A Song of Ice and Fire*. Bielefeld 2016.

Peterson, David J.: Living Language Dothraki. Lehrbuch und CD: Ein

Sprachkurs basierend auf der HBO-Erfolgsserie *Game of Thrones*. Braunschweig 2015.

Taylor, C. A.: Hinter den Kulissen – *Game of Thrones*. Staffel 3–4. Vorwort von David Benioff und D. B. Weiss. Stuttgart 2014.

**Nachschlagewerk:**

Brittnacher, Hans Richard / May, Markus (Hrsg.): Phantastik. Ein interdisziplinäres Handbuch. Stuttgart/Weimar 2013.

**Internet-Links:**

Not a Blog (Blog von George R. R. Martin): georgerrmartin.com/notablog

Fandom-Wiki *Game of Thrones*: gameofthrones.fandom.com/de/wiki/Game_of_Thrones_Wiki

HBO: www.hbo.com/game-of-thrones

Interaktive Graphik in der *Süddeutschen Zeitung* (Beziehungsgeflechte der Figuren): www.sueddeutsche.de/medien/personen-atlas-zu-game-of-thrones-game-of-thrones-die-serie-als-interaktive-grafik-1.2477892

RTL 2 – *Game of Thrones*: www.rtl2.de/sendung/game-of-thrones

Watchers on the Wall. A Game of Thrones Community for Breaking News, Casting, and Commentary: watchersonthewall.com